LES AMOURS
DE ZOROAS
ET DE PANCHARIS.

TOME TROISIÈME.

SE VEND A PARIS,

Chez
- PATRIS et GILBERT, libraires, quai Malaquais, n° 2, près la r. de Seine.
- FUCHS, libraire, hôtel de Cluny, rue des Mathurins.
- LEVRAULT, quai Malaquais, au coin de la rue des Petits-Augustins.

Vol. . III .

Varnet D. Mariage Sc.

Hélas ! je succombe Adieu . . . Adieu . . .
mon ami . . . . Adieu .

LE TRÉPAS Pag. 122 .

LES AMOURS DE ZOROAS ET DE PANCHARIS.

POÈME ÉROTIQUE ET DIDACTIQUE,

OU

VEILLÉES D'UN HOMME DE LOISIR

SUR le culte de Cythérée, pratiqué autrefois à Milet, et telles qu'un Initié du temple d'Amathonte les a soustraites et publiées à Athènes, ornées de plusieurs morceaux relatifs à la génération, la germination et autres fonctions intéressantes, tant chez les animaux que chez les végétaux.

OUVRAGE traduit sur la seconde édition de l'original latin, et enrichi de notes critiques, historiques et philosophiques.

PAR UN AMATEUR DE L'ANTIQUITÉ.

Mens sine pondere ludit.

PÉTRONE.

A PARIS,

De l'Imprimerie de C. F. PATRIS, rue de la Colombe, en la Cité, N° 4.

AN X — 1802.

LES AMOURS DE ZOROAS ET DE PANCHARIS.

LE HORS-D'ŒUVRE.

O faveur que les mortels ne sauraient trop apprécier ! divine faculté par laquelle l'homme se rappèle le passé, et se représentant ainsi l'objet des jouissances qui ne sont plus, il le voit comme s'il était présent, pendant que le temps qui fuit l'ensévelit dans le néant; viens à mon aide, indulgente Mémoire, et accorde à mes faibles moyens, les forces nouvelles que demande le récit d'un sujet qui jusqu'ici a manqué d'historien (1). Comme tu m'as toujours amplement gratifié de tes largesses, j'espère n'avoir point à me plaindre sur l'oubli où tu pourrais laisser ma prière. Ah ! rends-moi présentes les circonstances passées de cette volupté que m'offrit dernièrement, en rêve, Vénus qui continue à m'être favorable. Que le philosophe cherche les ressorts inconnus au jeu desquels tu dois ton existence ; que même ses méditations lui en découvrent de nouveaux ; que, devinant ton mécanisme, il croye que tu es cachée dans les sillons du cerveau, ou dans les replis que lui offrent les menynges (2) ; qu'un autre plus sage, pensant différemment, prétende que toutes les opérations de l'ame dérivent de la forme des choses, restée dans le *sensorium* (3), peu m'importe. « Oui, dira-t-il, l'ame, avertie par celle-ci, parcourt les routes et les détours ; elle va et revient par les mêmes chemins, comme l'araignée légère qui court sur ses filets, quand le mal-aise et les débats de sa proie excitent son attention. » Passons sur toutes ces opinions qui sont loin d'avoir leurs preuves fondées sur l'évidence, malgré toutes les peines que les savants ont prises, pour qu'il ne restât rien à desirer sur ce point. Ta voix, ô, divine puissance, m'appèle dans un nouveau champ, je t'y suis. Ouvre-moi, je te prie, les routes accessibles à mon intelligence; dégage les pertuis de mon cerveau, afin que, riche en idées, il ne me manque aucun des moyens nécessaires à mon récit pour les développer.

Pancharis, je dois le fait dont je vais te faire part, aux illusions d'une nuit mensongère qui ne m'en fut pas moins favorable; qu'il te plaise donc de me prêter une oreille attentive.

C'était la saison où mûrissaient dans leurs épis, ces dons de Cérès, qui, froissés par le fléau, devaient bientôt remplir les greniers du laborieux cultivateur. Déjà le fils d'Hypérion, moins ardent, dirigeait son char safrané vers les rives de l'Atlantique, lorsque nous allâmes ensemble vers les hauteurs du Phare, qui nous sont si connues. A peine y fûmes-nous arrivés, que nous admirâmes la beauté du site et tous les agréments de la vallée qu'il domine. Naxos au loin, plus près, Pathmos, et la nouvelle isle de Délos (4), dont les montagnes nébuleuses semblaient sortir de la mer, se faisaient distinguer à l'horison. Le paisible Méandre coulait sinueusement à travers les prés émaillés, dont il avivait la verdure, caché çà et là par quelques rochers qui nous en dérobaient le cours. Orgueilleux des eaux que lui avaient fournies les sources éloignées, il gagnait lentement la plaine azurée, en longeant des marais fangeux où les vaisseaux ne peuvent aborder (5). Nous nous assîmes sous un tilleul, au milieu d'un bosquet de bois gentil, pour nous y refaire des fatigues du chemin. Les Zéphyrs aux aîles chamarrées, mêlaient leurs jeux sur les blés voisins; et par l'impression qu'ils leur communiquaient dans leur vol, ils dérobaient à l'oeil le bluet, la nielle, et autres ornements de la prochaine moisson , qui n'en reparaissaient que plus brillants sur leurs tiges , quand ils venaient à souffler dans une direction différente. A peine se furent-ils apperçus de quelques-unes de nos mutuelles carresses, qu'ils accoururent promptement vers nous ; puis, allant et revenant tour à tour , ils nous apportèrent avec la fraîcheur , les agréables odeurs dont ils étaient chargés. Nous gagnâmes, en suivant un détour de la colline , l'endroit d'où nous venaient les douces émanations du cyste et de la rose qui y fleurissaient. Aimables Faunes, quelles graces nous vous rendîmes , quand , reconnaissants de vos bienfaits, nous appréciâmes la valeur de tant de richesses ! La mollesse de la pelouse , l'agréable fraîcheur du bocage, l'ombre des arbres qui donnait à la verdure le plus bel éclat , tout nous invitait à nous arrêter en ce lieu. Il ne lui manquait aucun des charmes du printemps , et cependant nous ne nous y donnâmes aucune preuve d'amour ! Partageant ta surprise, j'admirais avec toi tous ces agréments, pendant que Lycinne nous cueillait au loin des fraises qui devaient nous donner une autre jouissance. Près de nous était un oranger dont les fruits brillants fixèrent tellement mes regards, que bientôt je grimpai sur lui pour t'en cueillir quelques-uns. Ah ! qu'ils surpassaient en saveur, ceux dont Cée (6) est si glorieuse, et encore plus ceux qui mûrissaient dans les champs nouvellement labourés du voluptueux Alcinoüs (7). Combien n'en ai-je point savourés, et qu'ils étaient beaux, ceux que je te choisissais ! Une récolte succédait promptement à une autre, tant était grande l'ardeur que j'avais à la faire. Mes présents étaient à tes pieds ; nous allions les goûter, quand Lycinne vint y ajouter ceux qu'elle avait récoltés sur le côteau. Dieux ! vantez votre ambrosie ; louez ce nectar qui étanche votre soif ; jamais ils ne seront comparables à l'excellence de nos mets ! Tu mordais à ces fruits délicieux que je toffrais, et tu me les rendais ensuite pour que je les savourasse aussi (8). Donnés et repris ainsi, ils recevaient de nos lèvres une valeur que nous seuls pouvions apprécier. Un myrte était voisin ; j'en détachai quelques feuilles, je les froissai entre mes doigts, et te les offris à flairer, faisant semblant de te tromper. Enfin, invitée par l'agréable odeur qui s'en exhalait, tu tournas mollement la tête vers moi, et tes yeux, interprètes de tes sentiments, m'annonçaient tout le plaisir que tu éprouvais intérieurement. Après ce léger repas, nous descendîmes dans la vallée, à travers les ronces, tout occupés à cueillir les noisettes que nous trouvions sur les coudriers voisins. Souvent, en t'appuyant sur mon épaule, tu rallentissais ta marche ; mais que tu étais loin alors de m'être un poids fatigant ! Enfin, nous entrâmes pour nous reposer dans cette grotte, où naguères, effrayée de l'orage qui nous menaçait, tu restas près de moi rassurée contre tout danger, non sans, de temps à autre, me presser sur ton sein. Si l'art en ce lieu ne donnait aucun indice qui le fît reconnaître, la nature n'en avait pas moins pris soin de l'embellir, par la manière variée dont elle y avait entremêlé le caillou et la pierre-ponce, pour en former les inégaux contours. La fraîcheur de ce réduit, le murmure uniforme d'une eau limpide qui s'échappait du fond, nous retinrent dans une telle surprise, que nous fûmes quelque temps sans pouvoir nous communiquer nos sentiments. Enfin, nous nous assîmes; et pleins de respect pour le Génie du lieu : « Déesse de Paphos, m'écriai-je aussitôt avec ivresse, écoute les prières que nous t'adressons ! Tu t'inquiètes peu sur la magnificence de tes temples, pourvu que les libations ne manquent point sur ton autel. Oui, certes, les prières et l'encens que t'offre dans l'enfoncement d'un rocher, la jeune fille prosternée en suppliante sur un lit de mousse, te plaisent plus que toutes les marques de dévouement que te donnent sur l'édredon (9), les riches dont les efforts sont si souvent impuissants. O Cythérée! reçois avec agrément les vœux ardents que nous t'adressons, et que ces trois baisers soient la preuve de la soumission que nous te vouons ». Je te les donnais, lorsque je crus voir l'Amour, porté sur un nuage de pourpre, me dire en riant : « Fort bien ; continue comme tu as commencé, et bientôt tu arriveras encore au suprême bonheur ». Toute ardeur a son terme ; ainsi l'a voulu un pouvoir souverain, pour améliorer notre sort. Morphée, voltigeant çà et là dans le plus grand silence, vint enfin répandre sur moi la froide influence de ses pavots. Mes paupières fatiguées éprouvèrent bientôt les faveurs de ce dieu paisible, et ma tête pesante trouva un appui sur ton sein, pendant que tu charmais ton loisir en lisant Anacréon. Cependant le dieu à chevelure d'or approchait des rives de l'Hespérie, lorsqu'échauffée d'un nouveau feu, tu m'imprimas un baiser qui me rappela promptement à moi. Nous corrigeâmes le désordre de nos vêtements et, sortant de la grotte, nous reprîmes notre route, assurant le Génie du lieu que nous reviendrions pour passer, sous d'aussi favorables auspices, les loisirs que nous pourrions encore lui accorder. A peine étions-nous sortis, qu'un ruisseau qui avait parcouru le fond de la vallée, vint s'offrir à nous en élargissant son lit de manière à nous porter quelqu'obstacle. Nous étions embarrassés sur le moyen de trouver un passage; je te proposais de te transporter à l'autre bord, et tu t'y opposais, lorsque je te pris sur mon dos malgré toi; et ainsi je te procurai le plus heureux chemin. Loin de m'être pesant, qu'il m'était agréable ce fardeau, lorsque tes cuisses demi-nues me pressaient de chaque côté, pendant que, ta tête inclinée en avant, tu me tenais un doux langage auquel je répondais par de tendres baisers. Ayant passé tous les dangers, nous gagnâmes la saussaie, au bord de laquelle s'offrit à nous le golfe Latmique (10). Les molles ondulations de ses eaux ajoutaient à l'éclat que lui donnait le sable d'or dont paraissait parsemé son lit, aussi loin que la vue pouvait s'étendre. Déjà les oiseaux par leurs divers ramages, préludaient du haut de la colline, au sommeil qu'ils venaient chercher dans le feuillage. Les Jeux et les Ris mêlaient leurs aimables folies à ces concerts ; et l'Amour, par toutes ses ruses, en animait l'ivresse : « Ma chère, te disais-je, que cette eau limpide coule paisiblement dans son lit ! qu'il doit être nouveau pour toi, le plaisir qu'elle nous invite à y prendre ! Le dieu aîlé nous y convie, tentons-en l'épreuve qui pourrait peut-être fournir un aliment bien agréable à nos feux ! Vénus commande ici en souveraine, et entraînant sous son joug les espèces qui fendent l'onde de leurs flexibles nageoires, elle les retient par les nœuds les plus forts. Çà donc, que celles-ci soient témoins de nos ébats, et qu'étonnées de leur fréquence, elles apprènent de nous à donner plus de force à l'expression de leurs feux ». Entraînée par la nouveauté de la chose, tu fus la première à te débarrasser de ta tunique ; puis, entourant tes reins d'un fin lin, et pour qu'elle ne se mouillât point, retenant ta chevelure avec quelques joncs que t'offrit le rivage, tu devins à mes yeux une nouvelle Salmacis (11) qui m'appelait au milieu des eaux. Que de beautés vinrent alors repaître mes yeux, et qu'il fut court le délire que je mis à t'obéir en nageant vers toi ! L'eau, loin d'ôter quelque chose à la blancheur de tes membres arrondis par les Graces, semblait lui donner un plus vif éclat. Frappée par tes bras délicats, elle refluait de chaque côté, pour venir caresser tes charmes. Je brûlais, ton regard amoureux m'annonçait en toi une pareille ardeur :

« Amour ! m'écriai-je, quoi ! passionné comme je le suis, je laisserais échapper l'occasion d'un genre de combat qui m'est inconnu ? Quelle serait ma gloire, et la récompense que tu me prépares, si, même au milieu des eaux qui m'entourent, je parvenais à brûler un encens qui te fût agréable ? » Ainsi parlant, je te serrais d'un bras vigoureux, pendant, qu'appuyée sur moi, tes regards donnaient une nouvelle ardeur à mes feux. J'allais connaître par moi-même quelle est cette volupté que goûtent avec leurs compagnes, les divinités de l'humide empire, lorsque, favorable à mon dessein, tu ne m'arrêtas pas moins dans mes efforts, trop craintive sur une circonstance à laquelle tu ne t'attendais point. Le peuple muet de l'onde, qui croyait n'avoir aucun danger à redouter, s'empressait vers nous, s'en éloignait avec la même vîtesse, et, charmé de ce que nous n'avions en nos mains aucune chose qui leur fût nuisible, se réjouissait en multipliant ses ruses. La carpe, le barbeau, le mulet, le goujon et la vive, se rangeaient en ligne d'attaque, sans cependant vouloir se nuire. Ceux-ci couraient après les fuyards, qui revenaient bientôt sur ceux qui les avaient mis en fuite; ceux là se portaient de côté et d'autre, où les appelait quelqu'appât; et, du fond de l'eau, où le soleil leur parvenait, ils refléchissaient des couleurs qu'on aurait prises pour celles de la belle Iris. D'autres, plus avisés, se portaient vers nos ceintures, et bornaient leurs caresses à des régions qui leur paraissaient devoir mériter alors quelqu'intérêt. Ainsi, dans leurs ébats, ils allaient et venaient d'une manière fort active, en réitérant toutes les ruses qui pouvaient leur plaire. Quoique ces jeux innocents fixassent mon attention pour le moment, je n'en persistais pas moins dans mon premier dessein. Pancharis! je courais pour saisir sur toi, deux pommes plus brillantes à ma vue que celles qu'on dit avoir été prises dans le jardin des Hespérides (12), lorsque le flot t'apporta une grenade. Voulant me tromper, tu la substituas à la pomme que je comptais prendre, et tu fus même assez fourbe pour me l'offrir. Ta ruse me rendit audacieux ; je m'élançai sur toi, sans que tu m'en marquasses la moindre peine. J'allais mettre fin à ce jeu, lorsque, j'ai honte de le dire, ce qui indiquait en moi quelque force, ne s'offrit que sous les dehors de la plus fâcheuse faiblesse. Philosophes, dites-moi donc pourquoi un amour trop vif, ôte si souvent l'usage de ses armes à l'amant qui s'apprête à guerroyer avec avantage sur les champs de Cythère, où tant de fois avant il avait remporté les plus belles victoires. Voilà sans doute une matière bien intéressante que j'offre à votre discussion. Le froid de l'eau m'avait privé de toutes mes espérances, et leur retour ne pouvait avoir lieu par l'usage d'aucun moyen. Néanmoins, je voulais encore éprouver ce qui me restait de force, lorsqu'aussitôt parut au loin un cygne se promenant majestueusement sur l'eau. Tantôt, se rengorgeant, il formait différentes spires de son cou flexible; il allait et revenait çà et là, et ses aîles à moitié ouvertes, il jouait sur l'onde, en y plongeant souvent sa tête assez profondément : « Jupiter, m'écriai-je, ce sont là de tes ruses; ne crois pas que sous cette forme la crédule Pancharis te reçoive en son sein. Si tu viens me ravir ma maîtresse, reprends, je t'en prie, la route de l'olympe, où les moyens d'éteindre ta flamme ne te manqueront point ». Mais, que ma crainte fut vaine! Ce Jupiter était un cygne femelle, vers qui accourut un mâle pour lui porter hommage en notre présence. Ainsi le sort nous fut favorable, et tout danger cessa pour moi, quand je vis se convertir en femelle, ce que je croyais devoir craindre sous les attributs de la divinité. Les amusements auxquels nous nous adonnions, n'ayant rien d'ennuyeux pour nous, nous résolûmes d'avancer jusqu'au bord de la mer qui alors était paisible ; et le reflux qui était dans toute sa force, nous fut un motif de plus. Nous y étions déjà, et nous pouvions nous glorifier d'être dans les domaines de Neptune, à la vue des richesses que nous vîmes dans leurs confins. Là, nous considérions ces retraites dont la durée égale celle des siècles, retraites bâties par des familles d'une molle texture qui, très nombreuses, se propagent, vivent et succèdent à leurs parents. Ici, attiraient nos regards, ces peuplades animées, à l'abri de tout danger dans des coquilles de formes et de couleurs toutes différentes ; là, d'autres qui, plongées dans des bas-fonds, ouvrent leurs valves pour prendre leur nourriture ou respirer par leurs trachées ! Que d'espèces nageantes dont nous admirions la bigarrure du vêtement dans la plaine humide qu'elles parcouraient ! Quel éclat aussi ne nous offraient pas les plantes qui ornaient les parterres de celles-ci ? Nous étions attentifs à toutes ces merveilles, lorsque, hélas ! j'en frissonne encore au souvenir, nous apperçûmes près de nous ce monstre, l'effroi de tout navigateur qu'il approche (13), qui nous menaçait de sa gueule à triple rangs de dents : « Ah ! Pancharis, voilà notre dernière heure, te criai-je ; nous allons périr, si nous ne regagnons promptement le fleuve. Vénus, sauve tes enfants ! si tu es favorable à ma prière, la voûte de ton temple et ton autel auront demain les guirlandes de roses que nous te vouons ». A peine finissais-je mon invocation, que l'ennemi courut loin de nous sur une autre proie qu'il regardait comme plus certaine. Déjà Phœbus avait la moitié de son disque d'or plongé dans les ondes de l'océan qui, en refléchissant ses rayons, ajoutait à son éclat, lorsque tu sortis des eaux, offrant, comme une autre Galatée, tous tes charmes à découvert. Ta chevelure, ornée de quelques roses, et toute humide des gouttes d'eau qui lui restaient, offrait à l'opposite du dieu de la lumière, les beautés du diamant le plus pur. Nous reprîmes nos vêtements que nous gardait la fidèle Lycinne, assise sur un frais gazon. Moi-même, je te tins lieu de suivante, en essuyant tes membres délicats, et t'offrant la tunique qui bientôt devait me les cacher. Néanmoins, avant qu'elle n'eût soustrait à ma vue l'albâtre de ton beau sein, j'imprimai sur lui trois baisers, comme un témoignage de reconnaissance pour tous les plaisirs que tu m'avais procurés, et en mémoire de toutes les ruses que l'Amour m'avait suggérées. J'étais d'autant plus à toi, que tu semblais approuver mes larcins par ton doux sourire, lorsque vint à chanter l'oiseau à la crête de pourpre, qui annonce l'arrivée du jour. Je m'apperçus aussitôt à ce cri, que tous mes plaisirs étaient le produit d'un rêve d'autant plus vain, que nous étions sous la maligne influence du signe de la balance (14).

(1) Parmi nombre d'exemples de prodiges sur la mémoire, on peut citer Mithridate qui, roi de vingt-deux peuples, parlait leurs vingt-deux langues. « Mais, il faut savoir, dit Solin dans son Polyhistor, que ces mémoires singulières ne viènent pas de la seule nature, mais bien encore d'un exercice habituel, d'un travail assidu. On obtient rien sans peine; et le souverain être veut qu'ici bas tout s'achète ». Le philosophe Métrodore disait que la mémoire était fille de l'art et de l'application.

(2) Membranes qui, enveloppant le cerveau, se portent au-delà dans le canal de l'épine, et même, dit-on, se continuent sur les nerfs dont elles font partie. Baglivi, et autres solidistes de l'avant-dernier siècle, leur faisaient jouer un grand rôle. Lecat est revenu sur ce qui a été dit à leur égard, quoique Haller eût établi leur nullité dans l'explication de tout phénomène physiologique; c'est ainsi que dans l'histoire des faits physiques et métaphysiques, le souverain auteur de tout *mundum dedit hominum disputationi.*

(3) Le *sensorium* dont on parle beaucoup en

médecine, est la retraite la plus profonde où se plait à rester l'ame, quand elle veut entrer en méditation. Les anatomistes qui connaissent, à l'aide de leur scalpel, tous les réduits les plus cachés du laboratoire animal, comme les aveugles qui ont été à l'enquête avec leur bâton, savent tous les coins et recoins des maisons où on les mène, le placent dans la moëlle allongée, qui est une continuation de la pulpe médullaire du cerveau.

(4) Isle de l'Égée, dont les montagnes fort élevées se font voir de très-loin. La première est célèbre dans l'histoire chrétienne, comme étant le lieu où l'apôtre Saint-Jean composa son Apocalypse. Du temps qu'y voyagea Struys, était au sommet d'une montagne, une petite chapelle où, selon la tradition des Grecs, résidait ce disciple du bien aimé. Quant à celle de Délos, les couches de Latone la rendirent encore plus fameuse chez les Grecs. Neptune, vivement touché du malheur de cette fille de Cée que poursuivait Junon, fit sortir cette isle du milieu de la mer, et la fixa entre Gyare et Mycone. Latone y mit au monde Diane et Apollon, à qui l'isle fut dédiée; et de nombreux temples en ornèrent les

campagnes. Actuellement, on n'y trouve que des ruines. Voyez ses louanges dans la belle hymne que Callimaque lui a adressée.

(5) « Combien de fois, dit le jeune Anacharsis, dans le récit qu'il fait des agréments qu'offrent les environs de Milet, n'avons-nous point porté nos pas vers les bords du Méandre qui, après avoir reçu plusieurs rivières et baigné les murs de plusieurs villes, se répand en replis tortueux au milieu de cette plaine qui s'honore de porter son nom, et se pare avec orgueil de ses bienfaits ! Combien de fois assis sur le gazon qui borde ses rives fleuries, entourés de toute part de tableaux ravissants, ne pouvant nous rassasier ni de cet air, ni de cette lumière dont la douceur égale la pureté, nous sentions une langueur délicieuse se glisser dans nos ames, et les jeter, pour ainsi dire, dans l'ivresse du bonheur ! »

(6) Isle de l'Égée, l'une des Cyclades, au Midi de l'Eubée, qu'on appèle aujourd'hui Négrepont. Elle abonde en paturages et en fruits. Cette isle fut la patrie du poète Simonide.

(7) Fils de Nausithoüs, roi des Phéaciens, en l'isle de Corcyre, aujourd'hui Corfou. Homère, dans le septième livre de son Odyssée, a célébré l'opulence de ce roi, dont les jardins étaient si renommés par leur beauté, et plus encore par la fécondité des arbres qui portaient du fruit toute l'année. Il était très-voluptueux, comme on le voit par le discours qu'il tint à Ulysse. « Nous ne songeons, lui dit-il, qu'aux plaisirs de la table, de la musique, de la danse. Nous aimons à changer souvent d'habit en sortant des bains chauds, pour passer ensuite dans les bras de nos épouses. »

(8) Ce passage a rapport à la manière dont on se faisait l'amour chez les anciens Grecs. L'aveu une fois reçu, l'amant offrait à sa belle, des fleurs, et sur-tout deux pommes de coings, qui étaient le présent indispensable, comme étant celui qu'ordonnaient les lois de Solon. Quand l'amante était satisfaite de l'offrande, elle envoyait à son tour à son galant, les mêmes fleurs qu'elle avait portées la veille, ainsi que les pommes, sur lesquelles étaient imprimées les traces de ses dents. On peut voir sur cet usage, la seconde Idylle de Théocrite. Les anciens

entendaient par le mot *pomum*, tous les fruits que nous caractérisons aujourd'hui sous les noms de grenades, de coings, de citrons, d'oranges ; opinions où sont encore les artistes qui les mettaient indifféremment dans la main de Vénus et de Junon, comme déesses tutélaires du mariage.

(9) L'Édredon est le duvet dont est garnie la poitrine de l'*anas farnensis*, ou canard de l'isle de Farne. Ce duvet est doux, moëlleux, léger et très-chaud ; ces qualités, jointes à l'élasticité qu'on lui connaît, sont cause qu'il est très-recherché pour faire des matelas aux riches. On a, de tout temps, reconnu combien la mollesse des lits excitait aux jouissances de l'amour ; on a même, dit Athénée, imaginé de se coucher sur des éponges pour en augmenter le plaisir. On citait déjà, du temps de Théophraste, des substances si efficaces en pareils cas, qu'elles procuraient, dit-on, jusqu'à soixante et dix extases.

(10) Ce golfe est à l'embouchure du Méandre ; peu de géographes anciens en font mention. Il reçoit le fleuve Latmique, et va se dégorger dans

la mer Égée, aujourd'hui l'Archipel. Voyez à ce sujet, les cartes topographiques qui ornent le Voyage de la Grèce, par Choiseuil-Gouffier.

(11) Voyez la charmante histoire de cette Nymphe, dans le quatrième livre des Métamorphoses d'Ovide.

(12) Filles d'Hespéris et d'Atlas, qui avaient en propriété un jardin où étaient les pommiers que Junon apporta en dot à Jupiter. Leurs fruits étaient d'or ; ils étaient sous la garde d'un dragon, fils de la terre, qui avait cent têtes. Ce fut avec un de ces fruits que la discorde brouilla les trois déesses, et qu'Hippomène adoucit la fière Atalante.

(13) C'est le *carcharias*, ou chien marin, sorte de poisson fort cruel, dont les larges mâchoires sont garnies de plusieurs rangs de dents propres à retenir, déchirer et couper la proie qu'il dévore plutôt qu'il ne la mange. Quoiqu'il habite la haute mer, il vient souvent sur le rivage et même à l'embouchure des rivières qu'il remonte dans le tems du flux.

(14) C'était une opinion reçue chez les an-

ciens, que, comme l'ame compâtissait à toutes les affections du corps, celui-ci étant plus soumis en automne qu'en toute autre saison, à un plus grand nombre de causes qui dérangent son organisme, il devait s'ensuivre des changements dans les opérations du cerveau, changements qui amenaient des songes plus nombreux. Voyez, à ce sujet, ce que disent Lucien, et Plutarque dans son livre des Propos de table.

LA SILVE.

O brillant honneur de l'Idalie, si propre aux douces rêveries que suggère un amour satisfait; Bosquet toujours agréable par ton épais feuillage, quand désormais nous ferons quelques libations à la belle Cythérée, double ton ombre, pour que nos feux soient plus à couvert des importuns. Qu'un jeune indiscret que rend heureux une amante trop confiante, chante partout des faveurs qu'il devrait taire; que les forêts, les rivages, les réduits mêmes les plus profonds en retentissent, plus prudent que lui, je garderai pour moi mon bonheur. Je jouis, et pourquoi chercherais-je des confidents à mes jouissances? Le seul vœu que je fais, est que mes feux cachés continuent d'avoir leur récompense. Gazon qui brille plus à mes yeux qu'un trône qu'aurait embelli le génie le plus inventif ; toi dont j'éprouvai si souvent les bienfaits, lorsque nos ames fugitives planaient au loin sur l'aîle du plaisir, puisses-tu rappeler à ma belle qu'elle sera toujours la divinité, et conséquemment la gloire de celui qui a trouvé son bonheur en elle ! Ruisseau dont les ondes rassemblées forment différents bassins, si elle vient contempler avec orgueil ses traits dans ton cristal, assure-la que quelque pouvoir qu'ils ayent sur moi, je suis encore plus subjugué par les charmes de son génie ! O toi ! à qui sourit si agréablement l'Amour, ma toute belle, si par hasard un essaim d'amants venait se ranger sous tes lois ; si chacun, te portant hommage, te jurait un dévouement et une fidélité inviolables, ne crois pas pour cela que je te taxe d'inconstance. Aye de moi une meilleure opinion ! Il n'est que trop juste que chacun te paye le tribut que moi-même je t'ai porté, et que t'ont mérité tes charmes.

LA RÉVÉLATION.

Iphie, chère Iphie ! plus précieuse à mes yeux que ne l'a jamais été aux filles qui aiment la parure, la pierre brillante que l'Indus roule dans son lit ; toi qui prends ma défense en tout, qui fus mon arbitre et eus ma pleine confiance ; qui, m'offrant un cœur compatissant, m'apportas toujours les plus prompts secours dans les circonstances critiques de ma vie ; ah ! viens à mon aide, et jugeant l'état fâcheux où je suis, ne diffères plus tes conseils. Tu l'as deviné ; car, pourquoi te cacher encore des feux qui s'efforcent d'autant plus de paraître, que je les concentre avec plus de soin. Oui, l'Amour m'a liée à Zoroas ! et le cruel m'a exposée à des dangers qui bientôt me seront cause de bien grands chagrins. Vaincue par l'ingénuité de son caractère, éprise des hautes qualités de son esprit, je me suis laissé aller à ses desirs; car, quelle résistance pouvait encore faire une amante qui n'avait plus ni sens ni raison? Ainsi la passion sut éluder tous les obstacles que la pudeur put mettre à mes desirs; et les raisons me vinrent en foule pour couvrir mon crime. O ma mère! la faute en est à vous, et non point à une fille qui n'avait aucune arme à opposer aux attaques de la séduction. Oui, c'est votre faute, et en vain chercheriez-vous à vous excuser sur elle. Hélas! toute occupée de perfectionner mon éducation, et craintive sur les dangers qu'entraîne toujours avec lui un amour qu'on a soin de cacher, vous ne m'en avez pas moins conduite dans les routes d'une erreur qui, pour moi, sera cause d'un cuisant chagrin; et vous me regarderiez encore comme criminelle! Bientôt, de part et d'autre, nos feux, à peine allumés, prirent une force nouvelle sous le voile spécieux de l'étude. Enfin, Iphie, je devins coupable, si ce doit m'être un crime d'avoir écouté un amant que mon refus aurait porté à terminer ses jours de la manière la plus cruelle. Oui, je succombai à ses insinuations, et perdue dans ses bras, je savourai jusqu'à l'ivresse la coupe de la volupté qu'il m'offrait. O ! comme par lui Vénus me fut agréable ! Comme dans son aimable nudité, l'Amour, nuit et jour, varia nos plaisirs ! Mais pourquoi, dans mon repentir, me rappeler encore ce qui ne fait qu'aggraver mon crime et aigrir la peine qu'il me cause ? Déjà, de son disque complet, Phébé avait dix fois éclairé nos climats, quand je m'apperçus des suites trop fâcheuses de ma faute et de l'infamie qui m'attendait, si, n'étant point sous le joug de l'Hymen, je portais dans mon sein un germe fécond qui la manifestât. Ah ! qu'il ne fut que trop vrai ce présage, actuellement que je me trouve dans le cas sur lequel roulaient toutes mes appréhensions ! Enfin, cette passion que j'avais si bien cachée à tous, s'offrit à toi avec les indices qui caractérisent le crime. Eh ! inexpérimentée comme je l'étais, pouvais-je tout prévoir ? Ton langage excita ma confiance, et, revenant avec plaisir sur tes paroles, je crus que tu m'engageais à te faire quelques aveux. Aujourd'hui, je te confie tous les dangers qui m'obsèdent, en proie, comme je le suis, à la vive douleur, et attendant de toi les seules consolations qui me restent. En effet, quoique ma mère pourrait par le mariage, me ramener dans les routes de l'honneur, en répondant aux voeux de mon amant, je n'en vois pas une plus grande sécurité pour moi, dans l'opinion où je suis qu'elle ne voudra jamais souscrire à ce parti. L'espérance même que je pourrais en avoir, est bien loin de nourrir des illusions, au succès desquelles s'oppose une trop grande disparité de convenances. Connaissant ses principes sur l'honneur, honteuse sur les circonstances qui m'y ont fait déroger, inquiète sur le fruit d'amour que je porte en mon sein, maîtrisée par la tendresse qui me reste encore pour mon amant, dont la triste destinée m'est toujours présente, je suis hors de moi-même, accablée sous le poids de tant d'infortunes. Tel un vaisseau, tourmenté par les furieux aquilons, la tempête cessée, va çà et là sur l'Egée, battu par les ondes encore courroucées, sans que le nautonnier puisse trouver moyen de diriger sa route; ainsi je suis ballotée par les plus vives inquiétudes, et il n'est personne qui viène me rassurer et me porter le secours que mon infortune demande! Actuellement que tu connaîs la nature de mes peines, il te reste à m'en diminuer le fardeau; et pour que tu puisses y mieux réussir, je vais t'en offrir les moyens. Tu dois sous peu aller à Samos (1), pars; et te rappelant ma fâcheuse position, va vers la Sibylle de cette isle, et fais-lui part de tous les dangers où je me trouve. Que je sache enfin par elle le sort qui m'est réservé, si c'est le bonheur ou le malheur que j'ai à espérer du destin qui me gouverne (2). Ah ! Iphie, ne m'abandonne pas dans une aussi fâcheuse circonstance, et fais-moi savoir au plutôt la réponse que tu auras reçue.

---

(1) Isle située dans la mer Icarienne, sur la côte de l'Ionie, au Nord-Ouest des montagnes Mycale. C'est un lieu d'autant plus célèbre, que Junon y reçut les premières marques d'amour de Jupiter; aussi, pour perpétuer la mémoire d'un si grand évènement, les habitants y élevèrent-ils un temple à cette déesse qu'ils firent présider aux mariages. On regardait comme devant être heureux, ceux qu'on allait contracter aux pieds des autels. On y conduisait la fiancée, revêtue des habits virginaux qu'elle abandonnait pour prendre ceux de l'Hyménée. Le futur y arrivait également en armes qu'il suspendait aux murs avant le sacrifice. Il s'était

établi en ce lieu plusieurs devins et prêtresses qu'on allait consulter sur le bonheur qui attendait ou non les personnes qui voulaient contracter quelques liens. On conservait dans cette isle les armes de la déesse, la robe de noces, qu'elle mit le jour où elle épousa Jupiter, et le char qu'elle montait quand elle voulait se rendre dans quelques régions de la terre.

(2) C'est à l'espoir consolant d'un avenir agréable qu'est due la faveur dont ont joui pendant long-temps les oracles qu'on allait consulter dans les diverses parties de la Grèce. Les pages de l'histoire, tant ancienne que moderne, ne sont à cet égard qu'un répertoire où l'on trouve, selon l'ordre des temps, les preuves les plus signalées des folies humaines. « Ceux-ci, dit le poète Simonide, attendent impatiemment le lendemain avec le bonheur qu'ils en espèrent; ceux-là demandent à parcourir la plus longue carrière. Il n'est aucun qui n'aspire au renouvellement de l'année pour jouir de tous les trésors, de tous les biens et de tous les amours qui leur sont promis. Mais avant ce terme desiré, la vieillesse, à la démarche tremblante, en amenant avec elle ses froides compa-

gnes, les infirmités, saisit les uns lorsquils touchent le but; des chagrins dévorants viènent, avant ce terme, fondre sur les autres, et les ravissent, sans compter ceux que le fer du vainqueur fait descendre au royaume de Pluton, au moment où ils s'y attendent le moins, et plusieurs qui sont victimes des tempêtes et des vagues de pourpre que les autans déchaînés poussent en mugissant ». Mais c'est en vain que les hommes veulent feuilleter les pages du destin, dans l'ignorance où ils sont sur les causes premières d'où dérivent tous les évènements. « Eussiez-vous, dit Sophocle, l'esprit assez vaste et assez subtil pour pénétrer les secrets des hommes, jamais vous n'approfondirez ceux des dieux. »

LE DESSERT.

PANCHARIS, tout ce que je t'ai dit sur les forces reproductives des êtres organisés, n'a point suffi pour rassasier ton ame toujours avide de nouvelles connaissances ; et de là, tes demandes réitérées, pour que j'entre avec toi dans de nouveaux détails. Toujours occupée de suivre les traces invisibles de la nature, dans les phénomènes les plus évidents, tu me demandes aujourd'hui comment l'homme peut venir de rien ? comment il vit et croît en parcourant les diverses époques accordées à son existence, jusqu'à ce que sa machine, désormais sans action, succombe sous le poids de la vétusté ? La matière est une des plus difficiles à traiter, à raison de la manière cachée dont la nature opère lorsqu'elle se livre au travail, et de l'obscurité profonde où elle tient les moyens auxquels elle a recours, quand elle opére. Néanmoins, quelqu'inaccessibles que soient les faits qui méritent notre croyance, je te ferai part de ceux que j'ai découverts, les effleurant à mesure qu'ils pourront se présenter à ma mémoire. Un génie supérieur m'inspire, il me donnera la force nécessaire pour fournir à ce voyage philosophique, malgré tous les obstacles que je pourrai trouver sur ma route.

Du moment donc que l'influence fécondante est parvenue au sol sur lequel doit germer l'espèce humaine, et qu'elle a donné une nouvelle énergie à la trame de l'embryon, chacune de ses parties commencent alors des opérations qui auparavant leur étaient inconnues. Une vie particulière anime chaque fibre; le cœur bat, et par des pulsations réitérées, il agit sur les vaisseaux récemment mis en action, et ainsi, il développe la masse des organes qui étaient dans le repos. Son action continue leur donne la force et le mouvement nécessaire à la formation des viscères. Pendant que ces merveilleuses opérations ont lieu chez l'embryon, la mère lui fournit des sucs digérés qu'il convertit bientôt en sa propre substance. Il les élabore, et les dispose à prendre le caractère qui convient à chaque partie ; et ainsi, chacune tire à elle ce qui est le plus conforme à sa nature. Cette époque de la vie a son terme, ainsi que toutes les opérations qui lui sont particulières ; aussi, vers le neuvième mois, survient-il un bien grand changement. Il n'arrive plus alors aux parties solides une suffisante quantité de sucs pour leur accroissement. Les enveloppes qui contiènent le produit de tout le travail, manquant de ceux qu'ils recevaient, c'est alors que le reclus est expulsé d'une prison qui s'ouvre, pour le faire jouir d'une vie que de nouvelles causes vont lui rendre plus active. De là dérive cette fonction si connue, dans laquelle le produit de la conception ayant pris tous les accroissements qui lui avaient été accordés dans son étroite demeure, il en est expulsé au bout de neuf mois, qu'elle lui devient alors étrangère. A cette époque, tel qu'un nautonnier jeté sur le rivage à la suite d'un naufrage, l'enfant dénué de tout moyen d'existence, sollicite les soins qu'une main bienfaisante s'empresse à lui porter (1). Il implore par ses cris les secours de ceux que l'expérience a rendus sensibles aux maux de leurs semblables. Cet être, qui naguères était caché dans le sein de celle qui le conçut, y jouissant d'une chaleur toujours égale, et s'y nourrissant des sucs qu'il recevait, s'ouvre alors un chemin à la vie, au milieu d'autres dangers. Il appèle par ses cris le secours d'une mère, sans laquelle il ne peut subsister. Ses poumons, gonflés par l'air qui les pénètre, reçoivent avec ce fluide une substance éthérée qui doit servir à la continuation de sa vie par le mécanisme de la respiration, qui enrichit les ondes d'un sang qu'attend chaque partie déjà animée par ses propres sucs. Le sang qui avant abordait à l'enfant, se porte vers les mammelles de la mère , avec une facilité d'autant plus grande ; que les routes vasculaires cèdent à l'effort qu'il fait pour les parcourir. Tel, on dit que, par des chemins cachés, Alphée se rend à Ortygie, pour unir ses eaux à celles que la nymphe Aréthuse (2) verse de son urne bienfaisante , pour arroser les campagnes voisines. De là cette sécrétion abondante du lait, que l'enfant qui a besoin de nourriture suce si avidement; aliment préférable à tout autre , quand il le reçoit du sein de sa mère , et que celle-ci écoute la voix sacrée de la nature qui lui conseille de le lui offrir. L'enfant en tire tout ce qui est nourrissant et propre à donner aux membres qui se développent, une vie plus active, d'où dérive la force générale de tous ses organes. Aussi, à la suite de leurs actions continues , paraissent les premières opérations de l'ame, qui vaudront par la suite à l'enfant, le rang qu'il tiendra parmi les hommes, lorsqu'il sera parvenu à l'époque de la virilité. C'est par elle que déjà il juge, et ses vagissements lui tiènent lieu des organes de la parole qui sont encore dans un état d'imperfection. Il rit, et en souriant il semble approuver les termes de douceur qu'on lui adresse. Peu à peu il manifeste ce qui s'est tracé plusieurs fois dans sa mémoire ; quelques mots entrecoupés, quelques gestes sont les interprètes de ses sentiments. Déjà il reconnaît sa mère, lui témoigne sa tendresse, en lui portant ses petits bras au cou. Enfin, les dents viènent orner sa bouche ; elles paraissent chacune régulièrement selon leur position, et c'est à leur aide qu'il commence à diviser et à broyer les aliments les plus solides qui, digérés, donnent un chyle propre à former le sang, dont les parties à nourrir attendent leurs moyens de réparation. Ainsi les organes acquièrent plus de force; les parties devenues plus fermes, répondent plus vigoureusement à chacune de leurs fonctions. Alors les vaisseaux se resserrent chez la mère; et le sang ne trouvant plus aucune route ouverte, les sources du lait tarissent. Les principes de développement s'insinuant insensiblement, les membres se forment, et les os qui, avant, n'étaient qu'une gelée, s'endurcissent. L'enfant cherche, par des efforts réitérés à se lever, se soutenir, courir, et se livrer à tous les jeux que comporte son âge. A mesure que les parties reçoivent de nouveaux accroissements, à mesure aussi les opérations de l'ame deviènent plus évidentes (3); les idées acquièrent cette précision qui a tant de valeur chez l'homme qui pense; elle est due aux sens qui en sont les causes premières. Aussi, les philosophes (4) ont-ils dit que rien ne s'imprimait dans la mémoire, sans l'entremise des sens qui lui apportaient la cause des idées; opinion qui fut celle de Platon, et qui devrait encore être celle des sages d'aujourd'hui (5). Cette première époque de la vie étant passée, il lui en succède une autre que la gaîté accompagne, et à laquelle les anciens ont donné le nom de puberté. Ils la regardèrent comme l'agréable printemps de la vie; parce qu'alors l'homme reçoit tous les caractères qui sont propres à son sexe. Cet être, qui avant n'avait aucun but dans ses volontés, commence à vivre par lui-même. Il se rassemble et se digère chez le mâle, des principes d'une matière prolifère qui, pénétrant certains organes, les disposent alors à de nouvelles actions. Leur influence se fait sentir partout, et de là, l'apparition d'un tout autre ordre d'opérations. La voix devient plus grave; et cet enfant qui avait été si faible, plus courageux à cette époque, provoque alors son semblable, pour mesurer avec lui ses forces. Bientôt il éprouve en lui les effets d'un feu inconnu, et il a des pressentiments sur le bonheur qu'il pourrait goûter sous les lois de l'Hyménée. Il s'opère également, chez le sexe, des changements qui se manifestent avec la plus grande évidence par leurs propres indices. Deux organes, sur le travail desquels la nature compte déjà pour le temps qu'elle médite, s'élévent de dessus la poitrine, et se contournant sous la plus belle forme, ils servent à en parer l'albâtre. Tout ce qui était trop visqueux ou en quantité trop grande dans le vaste euripe des humeurs, se détourne vers l'organe génital, pour ensuite trouver une issue au dehors. De là, l'apparition du flux lunaire chez les filles bien portantes; flux dont l'éruption n'est pas sans avoir été prévue pour des fins à remplir. Cet abord périodique du sang imbibe le champ génital, et développe les pertuis que pénètreront les racines du germe qui, par la suite, pourra être fécondé. A cette époque, les roses çà et là éclosent parmi les lis, et la vivacité de l'esprit faisant valoir leur fraîcheur, celle-ci devient pour le sexe le plus sûr moyen de plaire (6). C'est par tous ces charmes que la jeune fille attire à elle ceux dont le cœur peut s'enflammer ; c'est alors que Cythérée dicte ses lois en souveraine, et qu'elle fait connaître tout son pouvoir à quiconque voudrait le méconnaître. Cet âge, si agréable à cette déesse, est aussi celui auquel la Volupté accorde ses largesses ; c'est celui où, excités par le feu qui nous consume, nous brûlons de la plus belle flamme, sans que rien ne puisse intervenir pour la diminuer. Mais, que sa durée est courte ! Ainsi, la somme des maux l'emportera toujours sur celle du bien, sans qu'il nous reste l'espoir d'une juste compensation. Cet âge fuit, rien ne peut le fixer ; et bientôt lui succède la virilité avec d'autres avantages. Le corps ayant alors acquis toute sa vigueur, est plus propre à de grands travaux et plus disposé à répondre aux nécessités de la vie. C'est à cette époque qu'on peut dire que notre existence est à son plus haut terme, chacun ayant alors une force dont il sent par lui-même la valeur. L'homme ayant souvent éprouvé les disgraces de la fortune, sait mettre des bornes à ses desirs. Il jouit de ses acquisitions, sans oublier combien cette cruelle déesse laisse échapper de sa roue, des malheurs plus grands que ceux qui lui sont échus. Mais insensiblement, il se forme une plus grande résistance aux efforts du cœur, dès que le mouvement étant plus lent partout, une matière concrescible s'épanche suffisamment dans les mailles de la fibre, pour en gêner l'action. Le sang se détournant de sa route ordinaire, laisse à sec les sources d'où fluaient les liqueurs prolifères. Les mêmes causes font tarir les écoulements périodiques chez les femmes. Ainsi, peu à peu nous arrivons tous à notre dernier terme ; l'urne fatale tourne également pour chacun, et tôt ou tard, nous tombera le sort qui nous enverra dans un éternel exil. Une fois admis dans la barque qui doit nous y conduire, il n'y aura plus de retour à espérer pour nous. On appèle mort, ce dernier terme où les opérations des organes cessant, la destruction s'ensuit. En vain, lorsque ce dernier terme est proche, on cherche, par tous les moyens connus, à rappeler la flamme qui s'échappe, les efforts restent impuissants. La mort est donc une suite nécessaire de la naissance, et cette fin est le terme où nous courons tous. Ainsi, après toutes les tourmentes de la vie, les éléments de nos corps repassent à la terre sous leurs formes premières. Tous les liens se relâchent; l'organisation qui donnait à chaque partie sa forme, tombe en dissolution. La texture qui contribuait à sa fermeté, se désourdit; les principes aqueux se convertissent en vapeur, la terre seule reste; et bientôt, changeant son mode d'existence, elle revient à une vie nouvelle, en passant dans une autre organisation. Ainsi varient continuellement les êtres qui animent successivement le tableau de la nature, sans que leur retour sur la scène du monde puisse être connu par quelques-uns des indices qui les caractérisaient auparavant. C'est ce qu'on explique par la différence de leurs formes nouvelles qui, quelque variées qu'elles soient, ne peuvent néanmoins changer la face de l'univers. Tu peux voir, ma chère, d'après cette esquisse, avec quelle raison les philosophes comparèrent les époques de notre vie aux saisons de l'année. Le printemps, cette saison où paraissent les bourgeons qui doivent se convertir en fruits succulents, offrent l'emblême du premier âge. L'été que nous amènent les chaleurs de la canicule, sous un dehors soigné, nous présente tous les charmes de la jeunesse. L'automne, plus fécond, annonce la virilité prête à offrir une abondante récolte. L'hiver qui lui succède, privé de tous les agréments du printemps, soumet à nos yeux le triste tableau de la vieillesse, avec tous les dégoûts qui l'accompagnent. Aussi, sujets à tant de changements, ne sommes-nous pas réellement le lendemain, ce que nous étions la veille ; telle est la loi du destin. Autrefois, l'espérance de nos mères, nous vécûmes dans leur sein, nous inquiétant peu de la carrière qu'il nous faudrait parcourir après notre naissance. Notre texture, pareille à celle du poulet contenu dans sa coque, n'offrait, dans les organes à développer, qu'une masse de filaments informes. Esquissés ainsi en petit, nous restâmes longtemps cachés, jusqu'à ce que notre mucosité animée prit insensiblement la forme humaine. Alors la nature, rompant la barrière qui nous retenait prisonniers, nous amena sur le théâtre de la vie, pour y jouer, au milieu des hasards, un rôle plus ou moins distingué : telle est la manière dont s'est ourdie la vie pour tous. L'enfant encore faible, rampe sur la terre ; toute son existence est dans le développement de ses organes à cette aurore de la vie, où les grandes opérations de son ame sont nulles. Insensiblement il se lève, il marche d'un pas plus assuré, et bientôt il offre tous les avantages d'un plein développement dans le printemps de la vie. Mais cette agréable saison s'envole sur l'aîle rapide du temps, et elle s'envole d'autant plus vîte, que la jeunesse imprévoyante ne jète point ses regards sur l'avenir. Bientôt l'homme commence à descendre l'échelle de la vie par le chemin déclive de la vieillesse, et succombant sous le poids des ans, il est enlevé lorsqu'il gémit encore sur sa triste fatalité (7). Telles, aux approches d'une violente tempête, s'élèvent des bulles légères sur la surface des eaux, qui ne tardent point à disparaître, quand la fureur des vents cessant, le calme revient. Temps qui dévores tout; temps par qui tout renaît, ainsi, tu seras toujours la cause première de la mort et de la vie, quelle que soit ton instabilité (8)!

(1) Alexander *ab Alexandro* dit dans ses *Jours Joyeux* que : « Quand un enfant venait chez les Thraces, les parents et amis du père s'assemblaient autour de lui, couverts de poussière, et par leurs gémissements répétés, ils plaignaient le sort de l'être malheureux qui venait partager leur misère. Ils s'adonnaient au contraire aux transports de la plus grande joie, quand ils rendaient aux morts les derniers devoirs ». Chez les Celtibériens, au dire de Strabon; chez les Corses, selon Diodore de Sicile, sitôt qu'une femme était délivrée, le mari se mettait au lit, jeûnait, se lamentait dans la douleur où il était d'avoir donné la vie à un être de son espèce, qui n'avait que les malheurs à espérer sur la terre. Les Grecs, plus sages, s'appliquaient à couvrir de fleurs cette vie qui, pour les peuples dont nous venons de parler, était un sujet de peine. Ils accoutumaient l'enfant à tout ce que les lettres et les arts offrent de charmes, et occupaient tour à tour l'adolescence, aux agréments que procuraient la musique, le gymnase et la poésie. Ainsi, au lieu de s'appesantir dans la contemplation des maux à venir, ils cueillaient les roses éparses sur le chemin de la vie, et ne négligeaient aucun

des moyens pour se garantir des épines ; et de cette manière, non seulement ils profitaient des biens réels qu'elle leur offrait, mais encore ils savaient s'en créer de nouveaux.

(2) Fontaine du grand port de Syracuse, dont l'abondance et la bonté des eaux étaient connues de tous les marins. Les anciens croyaient que le fleuve Alphée, qui disparaissait dans le Péloponèse, reparaissait dans l'Aréthuse, où il se rendait par des canaux souterrains ; idée qui non seulement fut adoptée par des poètes, mais encore par plusieurs géographes anciens. Voyez le troisième Dialogue de Lucien, le Dictionnaire de Noel, et le cinquième livre des Métamorphoses d'Ovide.

(3) Nous passons ici toute explication que demanderait cette assertion, pour occuper plus agréablement et utilement notre lecteur, en l'arrêtant sur le passage suivant de Juvénal : « L'architecte de ce vaste univers, dit ce grand poète, n'accorda que la sensibilité aux animaux ; mais plus généreux envers l'homme, il lui donna de plus l'intelligence, afin qu'une bienveillance très-naturelle l'avertisse d'avoir recours à ses sem-

blables, et d'être toujours prêts à les secourir. C'est pour cela qu'abandonnant peu à peu les antiques forêts habitées par leurs pères, les hommes, si long-temps dispersés, furent enfin réunis par les liens de la société, et dès lors ils occupèrent des maisons contiguës, où, ainsi rapprochés, chacun goûta avec sécurité les douceurs du sommeil. Alors les armes à la main, on releva, on soutint ses concitoyens opprimés ou chancelants sous de larges blessures, et protégés par les mêmes remparts, sous une même clef, la trompette fut bientôt pour eux le signal utile de la défense commune. »

(4) Les philosophes d'autrefois, car c'est de ceux-là dont il est fait mention dans le texte, étaient des hommes distingués par leurs hautes connaissances et respectables par leur âge, qui supposait de l'expérience. Plus complaisants que ceux d'aujourd'hui, quoique plus réservés, ils répondaient, au milieu des carrefours, à toutes les questions qu'on pouvait leur faire sur l'ordre de l'univers, sur la nature des choses, sur la morale et la politique. On présume bien que pour être prêts sur tous ces objets, il fallait avoir beaucoup vu par soi-même, et conséquem-

ment avoir voyagé hors de son pays ; aussi les plus grands philosophes furent-ils de grands voyageurs. C'est à leurs voyages que Pythagore, Platon, Apollonius de Tyane, Hippocrate et Plutarque, rapportent l'origine de leurs plus belles connaissances. La Chaldée, l'Égypte, l'Inde, la Grèce et les Gaules étaient le théâtre ordinaire de leurs excursions. Ils recevaient dans les principales villes de ces contrées, des notions que leur donnaient d'autres philosophes qu'ils y rencontraient, et les payaient en retour du produit de leurs propres observations. Chacun, riche de ces échanges qu'il confiait à ses tablettes, revenait enseigner une doctrine bien digérée, dans le pays où il fixait son domicile. Aujourd'hui les philosophes ne voyagent plus ; seulement ils lisent quelquefois les mensonges des voyageurs qui ne sont point philosophes ; et débitant leurs larcins dans leurs coteries, qui souvent ont autant d'esprit que les anciens gardiens du Capitole, ils parviènent à se faire parmi elles une réputation qui leur est plus profitable que celle qu'attend de son propre mérite, l'homme instruit : *O tempora ! ô mores !*

(5) Il y a dans l'original *magis*, qu'il ne

faut point confondre avec l'adverbe. Ce mot, qu'on rend en notre langue par celui de Mages, était un terme d'honneur que les anciens Perses donnaient à leurs philosophes. Les mages étaient chez eux, ce qu'étaient les sages dans la Grèce, les druides chez les Gaulois, et les gymnosophistes dans les Indes ; c'est-à-dire, des hommes profonds à qui l'on supposait la connaissance de tout ce qui surpassait l'intelligence du vulgaire. Ces sages, qu'on allait consulter dans les circonstances graves de la vie, voulant aller au-delà de leur pouvoir, finirent insensiblement par persuader les faibles de leurs hautes connaissances dans les choses cachées ; et de là, le terme de *magie* par lequel on caractérisa leur science. On peut voir ce qu'ont dit Pline, Horace et Tibulle de ces derniers personnages. On trouve aussi dans l'Exode, une lutte de pouvoir entre Moïse et les mages de Pharaon, qui firent des prodiges qu'on admirerait encore en ce siècle, mais qui ne purent l'emporter sur ceux de leurs adversaires. « Les magiciens, dit Lucain à cet égard,

Savent mieux nos destins que les dieux qui les font.
L'univers les redoute, et leur force inconnue
S'élève imprudemment au-dessus de la nue.

La nature obéit à leurs impressions,
Le soleil étonné sent mourir ses rayons.
Sans l'ordre de ce dieu qui porte le tonnerre,
Le ciel armé d'éclairs tonne contre la terre.
L'hiver le plus farouche est fertile en moissons,
Les flammes de l'été produisent des glaçons;
Et la lune arrachée à son trône superbe,
Tremblante et sans couleur vient écumer sur l'herbe.

TRAD. de BREBŒUF.

(6) Il n'est rien dans le moral qui, saisi par l'homme de génie, ne puisse trouver sa comparaison dans le physique; sur ce point, qui eût cru que la virginité chez le sexe, eût pu avoir quelque rapport avec une noisette. C'est cependant ce que prouvent les vers suivants de Levinus Lemnius :

Cum nux molle rubet, juvenis cum virgo renidet,
Tunc nux vult frangi, tunc virgo stipite tangi.

(7) Lucien, dans sa *Néciomanie*, s'exprime d'une manière bien philosophique sur cette matière. « Je regarde, dit cet auteur, la vie des humains comme étant une longue procession dont la Fortune ordonne et règle les rangs, et où elle amène sous différents costumes, ceux qui la composent. Propice à l'un, elle l'habille

en roi, lui met une tiare sur la tête, lui donne des satellites, lui ceint le front d'un diadême. Elle revêt un autre d'un habit d'esclave; elle orne celui-ci des graces de la beauté, et défigure cet autre au point de le rendre ridicule; et le tout, pour mieux varier la pompe. Souvent, au milieu de la procession, il prend envie à la capricieuse d'interrompre les rangs, de changer l'ordre et l'habillement des acteurs, sans leur permettre d'achever la marche comme ils l'avaient commencée. C'est ainsi qu'elle changea la pourpre de Crésus en l'habit d'un esclave; qu'elle revêtit de la royauté de Polycrate, Méandre qui jusques-là n'avait marché que dans les rangs des valets. Quand la procession est finie, ce qui arrive à la mort, chacun rend sa parure de cérémonie, dépouille ses ornements empruntés, et redevient ce qu'il était auparavant, sans différer en rien de son voisin. L'ignorance de la plupart des hommes les porte à se désoler, même à se fâcher, lorsque la Fortune se présentant à eux, redemande la parure qu'elle leur a prêtée; et, comme si on leur ravissait un bien qui leur appartient, ils ne veulent pas rendre ce qu'ils n'ont emprunté que pour quelques instants». « L'homme n'est que d'un jour, dit Pindare, dans une de ses Pythiques; il n'est qu'une ombre, un songe, et rien autre chose; mais quand le flambeau du souverain des dieux anime cette argile, elle éblouit par son éclat, et la vie, dès-lors, offre tous les charmes dont elle peut être accompagnée. »

(8) Ce morceau, avec plusieurs qui le précèdent, complette ce que l'auteur pouvait dire sur la grande théorie de la reproduction. Tous offrent une suite de faits qui, ajoutés à ceux dont le détail ici aurait été déplacé, donnent la preuve d'un ordonnateur suprême de toutes choses, sur l'existence duquel Manilius s'exprime clairement lorsqu'il dit, dans les deux vers suivants :

Quis credat tantas operum sine numine moles
Ex minimis, cœcoque creatum fœdere mundum?

Lucrèce, c'est en vain que toi et tes sectateurs voudriez le méconnaître. « Il me fait rire, disait J. C. Scaliger, en parlant de ce chef des esprits forts, quand j'entends cet homme séduisant chanter tous ces mouvements fortuits, dont il nous fait des principes harmonieusement combinés ensemble. C'est un fleuve de lait qui coule d'une bouche de nectar. Il me divertit quand il annonce avec tant d'assurance, que cet ordre ravissant du ciel et de la terre, s'est trouvé tout à coup disposé sans dessein, par le pur effet de je ne sais quel mouvement, de je ne sais quelle marche; par le plus étrange des hasards, qui a donné une place distincte à tous les éléments, à toutes les choses, sans que nulle puissance ait de droit sur lui. Il m'amuse quand, ôtant tout empire à l'auteur de la nature, il en revêt aussitôt de chétifs atômes.» Qu'Orphée est bien plus sage que lui, lorsqu'il publie dans ses chants sublimes les louanges de ce souverain être! C'est dans ses sublimes élans qu'il le peint assis sur un trone d'or environné d'une gloire que rien ne ternit. Ses pieds touchent la terre et de sa droite il atteint les extrémités de l'océan. Il voit tout d'un coup-d'œil; l'univers est animé d'un seul signe de sa tête. Les montagnes tremblent à son aspect et les mers frissonnent jusque dans leurs abîmes.

L'INQUIÉTUDE.

OH ! comme tu abondes en moyens, Zoroas, quand tu me développes ces richesses qui, de tout temps, furent le partage des philosophes ! J'admire également ton éloquence, soit que tu diriges ton attention sur les phénomènes les plus apparents de l'univers, ou que tu la portes sur ceux qui sont cachés sous le voile épais de l'organisation. C'est toujours avec un nouveau plaisir que je te suis, quand tu veux m'introduire dans le sanctuaire de la nature, occupée comme je dois l'être, des avantages inappréciables qui pourront me dériver de tes préceptes. Mais, combien plus tu m'entraînes, quand tu me développes l'origine de l'homme, et les diverses actions qui se passent en lui, d'après la disposition de ses organes ! Ainsi se succèdent paisiblement les diverses périodes de la vie la plus longue, quand chacun d'eux répond à la fonction qu'il doit remplir ! Je conçois actuellement, d'après l'instruction que je viens de recevoir, pourquoi les anciens donnaient le nom de *microcosme* (1) au corps humain. Sans doute que c'est parce qu'ils avaient observé dans différentes régions de son ensemble, beaucoup de phénomènes soumis aux mêmes lois que celles qui régissent l'univers. Mais, tout en sondant ce fonds inépuisable de doctrine, je n'en ai que plus occasion d'être étonnée qu'une aussi intéressante étude pique si peu la curiosité des hommes qui, au lieu de nourrir leurs loisirs par des lectures instructives, aiment mieux vivre dans une indifférence la plus vile sur les matières qui pourraient agréablement les occuper. Aussi les philosophes grecs qui s'y étaient particulièrement appliqués, avaient-ils établi comme adage : « Avant tout, connaîs-toi toi-même, et ensuite porte ton attention sur tes pareils (2) ; » maxime aussi applicable à l'organisation du corps, qu'elle le fut autrefois aux opérations de l'ame. Quant à moi, s'il m'est avantageux d'avoir l'esprit orné de toutes les connaissances que j'ai déjà reçues, et que d'autres m'attendent encore par la suite, je n'en ai que plus de raison pour craindre de n'en pouvoir tirer tout le parti que tu m'annonces. Déjà de cruelles inquiétudes me rongent intérieurement, et le chagrin vient me troubler au milieu même de ces études qui me sont si chères. Mes peines sont également poignantes la nuit comme le jour, et elles me mettent tellement hors de moi, que je ne sais plus quel parti prendre. La raison ne peut rien sur les troubles qui déchirent mon ame en augmentant mes craintes. Une voix intérieure me crie, et puisse le présage en être vain, que la foi inviolable qui te fut jurée, me sera la cause du plus vif chagrin. Hélas! quelles larmes amères mes yeux ne versent-ils point, quand je considère l'opprobre où je suis tombée! La conduite que j'ai tenue avec toi, m'est un motif de continuels remords, et ne laisse aucune trève à la punition que j'en souffre déjà. Ah! Zoroas, cesse désormais de faire sentir ton pouvoir sur un cœur que tu déchires. Ce que je te demande te sera pénible, mais c'est de ton obéissance que j'attends le soulagement de mes peines. O combien la fortune est changée à mon égard! elle me souriait naguères, et la cruelle actuellement m'accable! Les livres ne m'offrent aucune consolation. Hélas! ils ne peuvent plaire qu'à ceux qui ont le cœur vuide, et non à une malheureuse en proie à la douleur. Elle reste muette ma lyre, que je touchais avec tant de plaisir avant mes inquiétudes; et si mes doigts l'interrogent, elle ne me rend que des sons discordants. Tout est pour moi un sujet de chagrin, sans que je puisse dire ce que me vaudra un pareil changement. Hélas! pouvais-je croire que tant de peines fussent cachées sous ces charmes trompeurs de l'Amour, qui causent aujourd'hui ma perte! N'est-il donc aucune source de volupté qui ne soit sans quelque mélange de fiel, et la rose la plus belle aura-t-elle toujours sa tige garnie d'épines?

---

(1) *Microcosmos*, Petit-monde; expression ordinaire de Pythagore et autres anciens philosophes, qui comparaient les beautés qu'offre le corps humain à celles de l'univers qu'ils appelaient *Macrocosmos*, Grand-monde.

(2) Sentence de Chilon, lacédémonien, l'un des sept Sages de la Grèce. Elle fut gravée en lettres d'or dans le temple de Delphes. Juvénal disait qu'elle était descendue du ciel.

. . . . E cœlo descendit γνῶθι σεαυτον;
Figendum et memori tractandum pectore, sive
Conjugium quœras vel sacri in parte Senatus
Esse velis.

LA RÉVOLUTION.

Il ne faut donc compter sur rien dans les choses d'ici-bas, quelqu'apparence de stabilité qu'elles puissent avoir ! Ainsi il est une continuelle succession d'absence, de retour, et de destruction ; ce qui disparaît contribuant à la naissance de ce qui est encore caché dans l'obscurité du néant ! Naguères j'étais heureux dans la jouissance de mon sort, et c'était avec raison que, du fond de mon cœur, j'en rendais graces aux dieux. Un instant, hélas ! a dissipé tout mon bonheur. Qu'ils se touchent de près, ces maux et ces biens que la fortune nous dispense (1) ! Ainsi il me faudra gémir sur les caprices de l'enfant aux aîles d'azur, si je ne puis actuellement faire valoir mes droits ! Dieux favorables au sexe qui force nos hommages, que d'armes puissantes vous lui avez données contre nous ! Pancharis, que sont-ils devenus ces jours où dernièrement encore tu étais toute entière aux voeux de ton amant ? où tu lui souriais en l'assurant de toute ta constance ? où tu lui jurais une flamme à laquelle le temps ne pouvait qu'ajouter une nouvelle force ? où, dévoué à tous tes desirs, je m'attendais à la récompense que m'aurait méritée mon zèle dans un aussi doux esclavage ? N'as-tu donc nourri mes premiers feux que pour donner plus de force à ta haine, en fermant tout accès à la pitié ? Fassent les cieux qu'une illusion m'égare, et que ton crime soit aussi léger qu'une vapeur qui se dissout dans l'air, si toutefois je puis appeler crime ce qui n'est sans doute que l'effet d'une erreur ! Crois ce que je t'ai dit ; je n'ai point profané la pureté de nos amours, en portant mon hommage à d'autres, et je n'ai point non plus fait part indiscrètement de mon bonheur à personne. J'ai par fois, il est vrai, dit des douceurs à quelques belles; mais tu fus la seule pour qui mon cœur palpita, et à qui ma muse porta toujours son hommage. Eh! pourquoi auraient-elles mérité quelque part dans mes chants? En est-il quelqu'une qui sache comme toi dissiper la tristesse dont je suis si souvent accablé? qui, dans l'apathie où mon ame se trouve quelquefois, puisse comme toi fournir à ma lyre d'agréables accords? Le visage d'un coupable offre des indices de son crime, quelque soin qu'il prène à le cacher; regarde le mien, et dis si tu y trouves quelques signes de ce qui mériterait tes reproches. Parcours les vallons, les collines, les bois mêmes les plus profonds, et interroge-les tous sur moi, ils te feront connaître quels sont encore mes droits. Écho, qui retentît des sons que je t'adressais hier, se plaît encore à les répéter. Reviens donc vers moi, qui suis si digne de ton amour; digne, oui, j'en atteste les foudres pourprées de Jupiter. Puissante reine de Paphos, et toi enfant, qui fais la force de ta mère, je vous prends tous deux à témoin que je ne suis coupable d'aucun crime envers elle. Cependant tout est changé pour moi; livrée aux inquiétudes qui t'obsèdent, tu tiens closes ces lèvres qui sourirent tant de fois pour m'exprimer toute la vivacité de ta flamme. Cruelle, tu gardes le silence; tu détournes injustement les yeux de dessus moi; et tes mains qui s'abandonnaient aux miennes, les repoussent au moindre attouchement. Tu évites des baisers auxquels tu trouvais autrefois quelques plaisirs, et tu dédaignes me faire connaître la cause d'un tel changement. Dis-moi donc quelle peut être celle de ton silence, et pourquoi, évitant tout éclaircissement, ton langage n'a-t-il plus la douceur qu'il avait précédemment? Inhumaine! qui t'a enseigné à mêler tant d'amertume aux charmes de l'Amour? Quelles peuvent être tes raisons pour douter aussi légèrement de la sincérité de ma flamme? O jour heureux, où, m'avouant la tienne, tu soupirais, dans la crainte que mes serments ne fussent que simulés; tu finissais cependant par me croire, lorsque j'essuyais ces larmes que le plaisir te faisait verser. A quoi bon te rappeler celui où, donnant l'essor à ta voix, tu entremêlais de tendres baisers aux airs que tu chantais? Tu applaudissais à ceux que je te dérobais, et à d'autres que ton doux sourire m'invitait à prendre: tu m'écoutais alors avec intérêt; pourquoi, si injuste aujourd'hui, ne me les accordes-tu qu'à regret? Pourquoi faire si peu de cas de l'ardeur que je nourris toujours pour toi? Ah! qu'en me regardant, tes yeux m'offrent encore leur douceur première; qu'ils n'ayent rien perdu de cette langueur qui faisait tout mon bonheur; que je ne voye rien sur tes traits qui m'offre la tristesse ou la rigueur. Enfin, reviens vers moi avec tes mêmes charmes; oui, viens de nouveau soupirer le plaisir sur mon sein. Je ne te demande plus que tu m'aimes, mais bien que tu me permettes encore de t'aimer. Si tu te refuses à mes desirs, si tu persistes à faire peu de cas de mon amour, romps au plutôt les liaisons que tu as contractées avec moi. Que me sert-il d'avoir ajouté foi à tes promesses, si tu devais impunément y manquer? Que me vaudront ces serments faits aux pieds des autels, sur qui tu brûlais en même temps le plus pur encens qu'on puisse offrir aux dieux? Ah! sois-en persuadée, perfide, quelque soin que tu prènes à cacher le noir crime qui germe en ton sein, tu n'en expieras que plus amèrement ta fourberie. Cruel Amour, pourquoi me forces-tu à faire un aussi vif reproche, lorsque ma disgrace n'est pas encore certaine? Mais si je suis réservé à un pareil malheur, que je jouisse, en voyant dès à présent tes flèches et ton carquois en poussière, et que ton flambeau, allumé pour nous deux sous d'aussi tristes auspices, reste sans donner aucune flamme, quelques secousses que tu lui donnes.

(1) Quelle sublimité de pensées ! quelle beauté d'images, nous a laissé Pindare sur cette inconstante déesse, dans une de ses Olympiques ! « C'est toi, lui dit-il, qui, sur les flots orageux, guides, dans leurs courses rapides, les vaisseaux audacieux qui bravent leur courroux ; c'est toi qui présides aux guerres sanglantes et aux assemblées tumultueuses du peuple. Les aveugles mortels emportés dans leurs ardeurs, renversant tout, exaltant tout, ne savent que se rouler sur des espérances mensongères. Jamais ils n'obtinrent du ciel un signe certain pour découvrir le secret des choses humaines. L'avenir fut toujours un mystère impénétrable à leurs yeux ; les évènements arrivent sans cesse autres que ceux auxquels ils s'attendent, et leurs imprudents desirs sont abreuvés d'amertume. Mais quelquefois aussi, au milieu des plus affreuses tempêtes, un instant suffit pour faire passer de la plus grande infortune au bien suprême ». Ce passage prouve bien que, de tout temps, la vraie philosophie eut son temple chez quelques mortels privilégiés. L'idée de faire une divinité qui présidât à cette succession d'évènements par lesquels est entraînée sur terre la pauvre humanité, est une de celles qui a été la plus générale

en matière de culte chez les peuples civilisés. Elle fut particulièrement embrassée par les Romains, qui lui élevèrent un temple à Préneste, sur le sommet d'une montagne où se trouve actuellement le palais Barberin. La déesse y était représentée en habit de femme, ayant un bandeau sur les yeux, les pieds sur une roue, et tenant une corne d'Amalthée. Si l'on s'en rapporte à Homère, et aux autres poètes qui ont écrit avant lui ou après, on ne voit pas que les Grecs ayent eu d'opinions sur la divinité dont il sagit. Ils donnaient tout au destin *moira*, qu'ils caractérisaient d'une toute autre manière. Virgile qui a réuni dans son Énéide toutes les idées reçues chez ces peuples, les alliant a la croyance de son pays, parle indistinctement de la déesse et du destin :

Fortuna omnipotens et ineluctabile fatum.

LE CHÂTIMENT.

Un jour d'été, que j'errais sur les côteaux odorants du Latmos, m'entretenant avec ma belle que j'avais pour compagne, l'Amour, au moment où nous nous y attendions le moins, nous apparut, dormant au bord d'une source qui coulait lentement d'un rocher ombragé. Le murmure de l'eau, le bourdonnement monotone des abeilles qui cherchaient leur butin sur les fleurs, contribuaient à lui prolonger son repos. L'ombre d'un myrte feuillu et le souffle d'un léger zéphyr se réunissaient pour lui diminuer la trop grande chaleur qu'il aurait pu éprouver. Les Ris et les Jeux, cet aimable cortège d'une vie heureuse, ayant laissé seul ce dieu volage, étaient au loin occupés de danses et de ruses, qu'ils entremêlaient dans leurs agréables loisirs.

Ainsi l'Amour restait seul en notre pouvoir, et près de lui étaient son arc et son carquois. Toutes ces fléches dont les amants éprouvèrent tant de fois le pouvoir, étaient répandues çà et là sur l'herbe. Tel était l'Amour, lorsque Pancharis prit son arc, s'empressa de le tendre, et me dirigea un trait cruel. « La plaie est trop légère, m'écriai-je; fais de nouveaux efforts, crois-moi, ne tarde point. » Et aussitôt elle m'en lance un autre, qui pénétra d'autant plus profondément, que je n'avais fait aucun mouvement pour l'éviter. « Pancharis, quelle est cette cruauté? quel bien te reviendra-t-il d'une telle action? peut-elle contribuer à augmenter l'amour que j'ai pour toi? Tu veux donc ma perte? Eh bien! je mourrai, puisque telle est ta volonté. » Je parlais encore, comme elle arrêta ma voix, en m'imprimant sur la bouche un brûlant baiser. Mais bientôt s'approchant de l'enfant: « Ah! il dort bien profondément, dit-elle; or donc, pendant qu'il goûte ainsi les faveurs du plus doux sommeil, punissons-le pour tous les chagrins qu'il cause, et qu'ainsi, pour le bonheur des amants, ses armes puissent longtemps rester dans le repos. Cueillons d'abord des fleurs avec lesquelles nous formerons des chaînes pour lui lier les mains. Ah! combien d'actions de graces nous rendront bientôt les malheureux sur qui il devait diriger ses coups! Mais quelle ingratitude est la mienne, en méditant un tel crime envers un enfant qui combla tant de fois mes voeux? Non, il n'en sera rien. Quil repose en paix, et respectons ce dieu puissant, même lorsqu'il est désarmé. Peut-être, nous sachant gré de notre retenue, il ajoutera une nouvelle force à nos feux. » Ayant parlé ainsi, elle me sourit d'un air gai, et, se mettant à l'ouvrage, elle cueillit toutes les roses qui s'épanouissaient sous sa main, les mêla aux feuilles que lui offrait un myrte voisin, et, continuant: « Allons, cachons-le sous un lit de verdure, disait-elle, et au plutôt, de manière que ses compagnons qui viendront le chercher, ne puissent le retrouver. » En même temps elle le couvrait avec plus de soin, lui adressant souvent des paroles de tendresse. « Mais, Zoroas, s'écria-t-elle, à quoi bon nous arrêter à ces bagatelles? Coupons lui au plutôt ses aîles qui sont cause de tant de malheurs au pauvres mortels, et qu'ainsi tout motif d'inconstance cesse pour les amants, sur la fidélité desquels on pourra désormais compter.» Elle finissait à peine que, prenant des cizeaux et tirant à elle les aîles du petit dieu, elle s'apprêtait à mettre son dessein à exécution, lorsqu'aussitôt une sueur froide me survint. « Pancharis, lui criai-je, arrête, je te prie; Pancharis, suspends ta hardiesse. » En vain, je redouble ma voix; elle est sourde à mes accents, et l'insensée coupe ce qu'elle croit favoriser les ruses de l'Amour. Le dieu éveillé voulut aussitôt voler; mais l'absence de ses aîles lui en ôta les moyens. « Quel peut-être l'auteur d'un pareil forfait, cria-t-il; et qui, en le commettant, n'a pas craint de tremper ses mains profanes dans un sang divin? il sera puni; j'en atteste les puissances de l'olympe. » Il allait en dire davantage, mais la douleur le retint. Il pleurait amèrement la perte d'une partie de sa force, lorsque Jupiter, écoutant ses justes plaintes, lui envoya un nuage qui l'enleva de terre, tout gémissant, et le plaça dans le sein de sa mère, pour qu'il s'y refît de ses blessures. Oui, c'est de là que dérive la cause de mon infortune. Mais pourquoi expierais-je seul une pareille faute, supposé que je sois coupable? Pourquoi l'encens que je brûlerais sur les autels, ne me serait-il en ce cas d'aucune utilité? Enfant si équitable, pourrais-tu mépriser la juste douleur que je cache au fond de mon cœur? Je me repens de ma faute; que mon aveu trouve auprès de toi quelqu'indulgence. Pardonne-la-moi, en acquiesçant à ma prière. Oui, je m'en repens; pardonne-la-moi, et qu'ainsi nous puissions encore brûler réciproquement d'un même feu.

LA SIBYLLE.

PANCHARIS, toi qui gémis sous le poids du malheur, lorsque ta candeur te rend digne d'un sort plus prospère ! ô meilleure partie de moi-même, qui mérites tout mon appui ; me voici prête à répondre à tes desirs. Éprouvée autrefois par l'infortune qui pesa si long-temps sur moi, j'ai appris, hélas ! à être utile à ceux qui sont tourmentés par elle. Comme toi, je fus en butte aux traits de l'Amour, et Vénus m'astreignit à des lois auxquelles l'Hymen ensuite voulut bien souscrire ; mais, unie à mon amant, je jouis d'un sort plus heureux que celui qui t'attend. Ainsi les torches nuptiales brillèrent pour moi dans leur plus bel éclat (1). J'ai rempli ton desir, en allant consulter l'oracle à Samos (2) ; hélas ! plût aux dieux que je sois revenue avec une meilleure réponse. J'ai trouvé la Sibylle dans le fond d'un rocher escarpé, au pied duquel une porte s'ouvrant avec un cri aigu, je me hazardai dans un chemin tortueux, fort sombre, éclairé de temps à autre par quelques rayons échappés du soleil. Aussitôt qu'elle me vit, elle fut prise d'une fureur à laquelle j'étais loin de m'attendre; elle trembla fortement, en sifflant quelques paroles; et, sans plus tarder, elle me cria, de l'enfoncement obscur où elle était : « Quel sujet t'amène vers moi, et pourquoi viens-tu troubler mes opérations »? Elle écrivait alors sur des feuilles légères, qu'elle destinait à être jetées dans les airs, les vers qui manifestent les dernières volontés du dieu des oracles. « Allons, explique-toi, et en peu de paroles. » A quoi je répondis : « Vierge vénérable, soyez-moi propice. Je viens apprendre de vous quelle sera la destinée d'une jeune fille que le malheur opprime. L'Amour, qui l'a percée d'un trait cruel, a excité en elle des feux que la déesse de Cythère a pris plaisir à voir s'accroître. La faute date de dix mois, pendant lesquels elle en a su cacher les suites à sa mère; mais actuellement que l'infortunée porte en son sein les preuves de sa faiblesse, elle pleure sur ses égarements. Sa peine est d'autant plus grande, qu'il ne lui reste aucune espérance que l'Hymen puisse l'effacer. Inquiète sur elle, sur son fruit, ainsi que sur son amant, elle m'a prié, sachant que je venais à Samos, de vous voir au plutôt et de vous consulter sur le danger où elle est, pour que vous puissiez mieux tirer vos présages. Faites-moi part de tout ce qu'ils pourront vous annoncer pour elle; tel est l'objet de ma visite. Vous qui avez tant de fois révélé la vérité aux jeunes filles qui vous l'ont demandée, apprenez-moi ce que le sort réserve à celle-ci? » A peine avais-je fini, qu'elle leva les yeux vers le ciel, murmura quelques mots entrecoupés, se tut; et au milieu des plus grandes craintes où j'étais, elle m'adressa, toute en fureur, ce peu de paroles : « Je ne puis te rien développer de ce qui est caché aux hommes avant de m'en instruire dans le livre du destin, où tout ce qui doit arriver est tracé. » Elle parlait encore que ses suivantes lui versaient sur les mains le cristal liquide d'une onde la plus pure; puis, revenant à son opération, elle commença par mâcher quelques feuilles desséchées d'un laurier qu'on lui envoie de Delphes pour cet usage. Cette première préparation finie, elle s'avança derrière l'autel d'un pas mal assuré, et d'un pouce empressé elle chercha dans les pages du livre toutes les notes qui lui étaient nécessaires; puis, pendant que sur l'autel brûlait une résine dont la lueur éclairait la voûte, elle me donna d'une voix aigre l'oracle suivant : « Ces amours, nés sous le chant de la funeste orfraie (3), auront une fin malheureuse pour tous les deux. Telle est la loi irréfragable écrite avec le diamant éternel dans le livre du destin. » Voilà, Pancharis, une réponse bien peu favorable à tes desirs; mais les choses ne sont point encore dans un état désespéré. Il est des prières (4), il est des sacrifices et des encens à la faveur desquels tu peux encore éloigner le danger. Les supplications ont, n'en doute point, quelque pouvoir sur les immortels, naturellement portés à diminuer les rigueurs du sort aux humains qui mettent quelques présents sur leurs autels. Élève donc pieusement tes mains vers eux, et force-les, par de fréquentes demandes, à t'accorder leur secours; mais que la douce espérance mêle son baume à tes vœux.

---

(1) C'était la coutume chez les anciens, au dire de Varron, de célébrer les noces à la clarté des torches; c'est encore aujourd'hui l'usage dans toute l'Inde de promener la nuit les nouveaux mariés pendant huit jours de suite, à la

clarté des flambeaux et au milieu d'une musique bruyante appropriée à cette cérémonie.

(2) A s'en rapporter aux plus anciens historiens, les premiers oracles furent ceux qui se rendaient au temple d'Ammon. Ils se manifestaient en songes, que la divinité du lieu, sous la forme d'un bélier, inspirait aux crédules humains. Mais, le temple de Jupiter, en Epire, entouré de la mystérieuse forêt de Dodone, rivalisa bientôt en pouvoir avec celui d'Égypte, et les prêtres qui le desservaient eurent à se louer de la croyance des fidèles sur ce point. La nécessité, qui est la mère de l'industrie, leur avait fait imaginer de placer des vases d'airain à côté l'un de l'autre, de manière que le premier étant frappé, communiquait son impulsion à d'autres; en sorte que l'ensemble des sons donnait une modulation articulée, imitant la voix humaine, qu'ils faisaient croire être la réponse du ciel. La réputation de l'oracle de Dodone, était bien établie, lorsqu'Apollon, jaloux des succés de son père, alla sur ses brisées, et voulut avoir part à un culte qui ne pouvait qu'agrandir sa gloire. Ce fut lui-même qui voulut y présider, et pour le distinguer de son père

qui aimait à parler dans l'obscurité, on lui éleva, à Delphes, en Béotie, un temple sur le sommet d'une montagne, pour qu'il occupât plus la curiosité des vrais croyants. Mais, s'étant lassé de répondre aux importuns qui venaient le consulter sur leurs propres affaires, plus que sur les évènements publics, le dieu se démit de ce soin sur une prêtresse appelé Pythie, du nom d'un serpent né de la terre, qu'il avait tué. Les réponses de celle-ci étaient toujours exprimées en vers; car, la poésie étant le langage naturel de ce dieu, il aurait été messéant que ses oracles eussent été donnés dans la langue vulgaire. La Pythie paraissait quelquefois toute en flamme sur son trépied, d'autrefois on ne la voyait qu'au milieu d'une épaisse fumée et toute hors d'elle-même, *lymphata*. Elle cédait insensiblement aux douces impulsions du dieu qui l'animait. La Sibylle de Cumes, fut une prêtresse qui se distingua des autres oracles, en ce qu'au lieu de donner de vive voix la volonté suprême, elle l'écrivait sur des feuilles de palmier, que le vent souvent ne respectait guère, ainsi qu'il est dit dans l'Énéide. La philosophie, qui éclaire les hommes, et les guerres civiles, qui les éteignent avec leurs préjugés, ont fait disparaître les oracles des crédules contrées où ils régnèrent si long-temps. « Ainsi, dit Plutarque par l'organe d'Amiot, la Béotie qui, anciennement, résonnait de plusieurs, en est actuellement toute tarie, comme de fontaines. Par-tout il y a sécheresse, comme défaut d'oracles; il n'est que la seule Livadie où ils parlent encore; les autres lieux sont muets et partant délaissés ».

(3) Il y a dans l'original *Parra*. Les auteurs ne sont pas d'accord sur l'oiseau que les anciens ont caractérisé sous ce nom. Il paraît, dit à ce sujet le traducteur de Pline, que c'est à cause du rapport vrai ou faux avec la canicule, que cet oiseau a été nommé *Parra;* ce mot, en divers idiômes, signifiant chien. Quelques uns pensent qu'on doit regarder comme telle la mésange. Nous avons préféré celui d'orfraie dans notre traduction, pour mieux nous conformer aux idées que ce nom suppose dans notre langue.

(4) Les prières étaient usitées chez les Grecs pour obtenir des dieux quelques faveurs. On les adressait à Jupiter, à Lucine et à Esculape, dans les nécessités les plus urgentes de la vie. Homère leur donne l'épithète de boîteuses, pour indiquer

que l'on doit toujours fléchir le genou quand on demande quelques graces. Les temples étaient, comme chez nous, les lieux où les hommes se réunissaient pour les faire. Quand ils y entraient, ils s'y purifiaient avec l'eau lustrale, qui était de l'eau du ciel, dans laquelle on avait éteint un tison ardent tiré du foyer des sacrifices. Cette manière d'invoquer les dieux, exista de tout temps chez les peuples policés, où une classe d'hommes sut se faire un revenu du culte des autels, et bientôt ceux-ci, moyennant une rétribution que leur accorda la croyance, se chargèrent du soin de porter à l'Etre suprême les vœux mêmes les plus absurdes que la cupidité, qui ne réfléchit jamais, pouvait faire. « Il ne faut point demander aux dieux, dit sagement Pindare dans une de ses Pythiques, que ce qui convient à notre nature, et, n'oubliant point que nous sommes à leurs pieds, ne jamais perdre de vue la faiblesse de notre origine. O mon ame, gardez-vous bien d'ambitionner la vie immortelle, et ne portez pas vos prétentions au-delà des bornes qui vous sont tracées. »

LE NAUFRAGE.

«NAUTONNIER, arrête ; jète l'ancre sur le rivage , et n'abandonne pas aux évènements ton vaisseau qui , laissé à lui , fera bientôt naufrage ». Ainsi me murmurait à l'oreille une douce voix , lorsque , livrée à mes rêveries , je me promenais dernièrement sur le riant côteau de Mycale , dont les verts bocages sont si connus aux amants. « Insensé , prends y garde ; ne te confie point à ce léger zéphyr qui t'annonce un jour sans nuages. Si la mer , qu'aucun autre vent n'agite , est aussi unie que le cristal , cette apparence favorable n'en cache pas moins les plus grands dangers. Tranquille comme tu l'es au port, mais trompé par un astre qui te promet du succès , tu crois fournir ta route en toute sûreté , et être favorisé par des vents qui ne furent jamais contraires à Vénus et à son fils. Cargue tes voiles et confie-toi moins aux vents du Midi. Je te prédis de fâcheuses vérités ; la tempête t'attend au sortir du port, et bientôt tu seras le jouet d'un élément dont tu ne connais pas les fureurs. » Ainsi me parlait intérieurement la Raison, avant que mon amant ne m'offrît la coupe amère du plaisir. Je déferlai les voiles, et faisant peu de cas de ses prédictions, je mis en mer pour arriver au funeste mouillage où la brise me portait. Ah ! malheureuse que je suis ! que mes destinées ne répondent que trop aujourd'hui à leur présage! Hélas ! actuellement je pleure ma nacelle naufragée. Elle est sur la grève, entr'ouverte de toute part ; et je ne puis compter sur personne pour la rétablir et la mettre à flot. Voilà donc à quoi m'ont conduite toutes les ruses du dieu de Cythère ! Dans le dénuement où elle est, en quel lieu ma nacelle trouvera-t-elle les agrès qui lui manquent ? Enfant, dont le carquois recèle des armes perfides, combien les jeux et les plaisirs que tu offres aux jeunes filles, leur cachent d'amertumes, quand elles s'y abandonnent sans réserve ! Mais, pourquoi n'ai-je point eu plus de modération dans ces étreintes qui, bientôt, seront pour moi une cause de bien grande honte, quelque soin que je prène à en diminuer les apparences ? Oui, je n'ai que trop répondu à l'ardeur de mon amant, lorsque me serrant dans ses bras, il me donnait des preuves d'une tendresse à laquelle j'étais loin d'être insensible ! Ainsi la volupté, trop long-temps prolongée, m'a ouvert une source intarissable de maux ; et bientôt le doux nom de mère n'aura rien que d'affreux pour moi ! Elles ne me seront donc d'aucun secours, ces corbeilles de fleurs que j'offrais à Diane avec un si grand zèle, la priant de réparer les attaques trop souvent portées à ma virginité ? O Lucine ! apporte au plutôt ton aide à une malheureuse qui succombe sous le poids de ses peines (1) ; si tu diffères, je n'aurai qu'un plus triste sort à éprouver.

---

(1) C'est dans l'adversité que la plupart des hommes ont recours à la prière, pour fléchir le courroux céleste qui les opprime ; mais c'est aussi en pareil cas que le philosophe se roidit :

Fortiaque adversis opponit pectora rebus.

En effet, la piété, comme l'observe Lucrèce, ne consiste pas à se tourner souvent la tête voilée devant une pierre, à fréquenter tous les temples, à se prosterner contre terre, à élever ses mains vers les statues des dieux, à inonder les autels du sang des animaux, et à entasser vœux sur vœux ; mais bien plutôt à regarder tous les évènements d'un œil d'autant plus tranquille, que l'ordre général des choses ne saurait changer pour se conformer à la volonté d'un chacun. La crainte fit les dieux, disent les esprits forts ; car, quel est l'homme, continue notre auteur, dont les membres ne se traînent pas comme en rampant, lorsque la terre embrâsée tremble sous les coups redoublés de la foudre, lorsqu'un murmure épouvantable parcourt le firmament ? Les nations alors ne sont-elles pas consternées, et le superbe despote n'embrasse-t-il pas étroitement les statues de ses dieux, tremblant que le terrible moment d'expier ses forfaits ne soit arrivé? Et, quand les vents impétueux, déchaînés sur les flots, balayent devant eux le commandant de la flotte avec ses légions, ne tâche-t-il pas d'appaiser la divinité par ses vœux et ses prières ? — Enfin, quand la terre entière vacille sous nos pieds, quand les villes ébranlées s'écroulent ou menacent ruine, est-il surprenant que l'homme plein de mépris pour sa faiblesse, reconnaisse une puissance supérieure, une force surnaturelle et divine qui règle à son gré l'Univers ?

LES REPROCHES.

O puissante Cythérée ! mon malheur serait-il aussi certain qu'il me paraît l'être ; et l'ingrate ne se laisserait-elle fléchir par aucune de mes prières ? Pourquoi donc, ayant tant de fois fatigué les dieux par des vœux indiscrets, demanderais-je, en brûlant encore un encens pieux sur leurs autels, que mes feux reprènent une nouvelle vigueur ? Ah ! tous mes souhaits seraient vains, actuellement qu'il n'est plus d'espoir pour moi. Oui, il s'éloigne de moi, cet espoir qui soutient l'amant dans l'attente où il est d'une récompense égale à sa constance ; cet espoir qui verse sur les blessures du malheureux le baume le plus salutaire, comme il nourrit la cupidité du laboureur qui confie sa semence à la terre, dont il attend les largesses ! Ils seront donc vains, tous les souhaits que je puis faire! et dans l'abandon où je suis, personne ne s'offrira-t-il pour soulager ma peine par la moindre des consolations que je pourrais avoir? Ciel! à quel point le sexe peut-il porter la perfidie; et combien encore, sous le masque de la feinte, sait-il nous entraîner à lui! Ainsi, Pancharis, ils vont se dissoudre ces liens qui serrèrent notre première amitié; et c'est toi qui commencerais à trahir nos serments! Quoi! au milieu de tous les malheurs qui m'assaillent, ce serait en vain que je déplorerais mon sort! Où sont ces assurances d'une fidélité sincère, dont naguères tu me leurrais encore? Que sont devenus ces serments réitérés sous les auspices les plus favorables? Plus fourbe qu'on ne l'est à Carthage, tu me jurais de n'avoir désormais aucune volonté que la mienne. Eh bien! tes paroles seront-elles aussi légères que les feuilles qui, détachées de leurs branches sur la fin de l'automne, sont emportées au loin par le moindre vent? Enfin, porteras-tu l'oubli au point de te lier à un autre par un de ces serments que l'on prononce à l'autel de l'Hyménée? Loin de moi toute promesse de constance qu'une autre pourrait me faire, si telle est l'issue de celle qui me fut si solemnellement jurée? A quoi me serviront actuellemant ces douces paroles que tu confiais à mes crédules oreilles; ces morsures passionnées que tu me faisais au moment où Vénus s'occupait à nous faire arriver au suprême bonheur? Enfin, ils ne me viendront plus qu'en souvenir, ces moyens auxquels tu savais recourir, pour donner à mon ardeur une force nouvelle et me relever de la langueur où me jetait l'excès de mon amour! Plus de ces soupirs entrecoupés qui, enfants du sentiment, prenaient plaisir à se mêler à nos ébats; plus de ces bouderies qui avaient tant d'effet pour aviver ma flamme! Tout est aujourd'hui changé pour moi! Ah! je ne dois plus m'attendre à ces nuits paisibles où se retraçaient à ma mémoire les sacrifices que j'avais faits le jour sur les autels du dieu d'Amour ; ces nuits qui, me représentant ce qui s'était passé le jour, me repaissaient encore d'une volupté trop passagère pour le plaisir que j'avais éprouvé. Mon bonheur n'est plus, et le sommeil fuyant mes paupières, m'abandonne aux horreurs d'une nuit qui s'écoule lentement au milieu des pleurs et des gémissements ! Si Morphée, plus d'une fois invoqué, vient à m'accorder quelques-unes de ces faveurs qui pourraient suspendre mes peines, les fantômes les plus affreux s'emparent de mon imagination et ajoutent un nouveau poids à ma misère. O ! du moins que je sache à quoi rapporter la cause de mon infortune ! Non, il n'est point coupable celui qui, serré dans tes bras, éprouva ce frisson et cette flamme d'amour qui se succédant, me perdaient tour à tour, au milieu de tes caresses ; qui, arrêté souvent par ta douce résistance, n'en était que plus ardent à poursuivre la route où il devait trouver le bonheur ; qui, tant de fois, reçut de ton souffle l'aiguillon le plus propre à ranimer des feux qui languissaient malgré l'excès de leur ardeur. Ah ! lorsqu'il conserve toujours le souvenir de son bonheur passé, peux-tu douter qu'il ne s'empresse à mériter de toi, ces faveurs que lui valut son zèle et que sollicite encore son amour ? Sensible à ma peine, reviens donc à moi ; reviens vers ton amant avec toute ta bonté première ; et dès-lors mes reproches cesseront. Ah ! si récemment encore ma langue fut indiscrète, pardonne une faute qui dérive de l'excès de ma flamme. Si toutes les fois que les hommes tombent dans quelques écarts, Jupiter leur lançait sa foudre, bientôt d'autres lui manqueraient dans un pressant besoin. Mais dès que, roulant son bruyant tonnerre, il a étonné l'univers, les nuages se dissipant, il devient plus calme, et oublie les motifs de son indignation. Toi qui es encore ma déesse, suis l'exemple du souverain des dieux ; et si t'avoir aimée est un crime, n'en sois que plus prompte à me le pardonner ! Quoi ! pourrais-tu allier à tant de beauté une sévérité qui te rendît inflexible à mes larmes ? Je ne puis vivre loin de toi, encore moins mettre des bornes à mon amour. Pancharis fut le premier objet de ma flamme, elle en sera aussi le dernier ! Éloignez-vous d'ici, mes vers, si, au moment où votre secours m'est si nécessaire, vous ne pouvez rien sur ce cœur inexorable ; et si une flamme avide ne vous dévore, que l'Èbre (1) vous emporte dans son lit rapide, ou que les autans vous chassent jusqu'aux rives de l'Illyrie (2). Et vous, Amours, que ma peine pourrait émouvoir, n'épargnez point l'amant qu'elle abandonne ; réunissez sur lui ces traits qui portent la mort ; son sang vous restera pour récompense.

---

(1) Fleuve de la Thrace, qui naît au pied du mont Hémus et se répand dans la vallée voisine, entre cette montagne et le Rhodope. Après bien des détours, il se jète par plusieurs bouches dans la mer Égée, vis-à-vis l'isle de Samothrace. C'est dans ce fleuve rapide que le dames de Thrace jetèrent la tête d'Orphée, qu'elles avaient déchiré. L'Èbre qui, au dire des mythologues, chariait de l'or, s'appèle aujourd'hui Mariza.

(2) Étendue de côtes qui règne au Nord-Est de l'Adriatique, et qui comprend ce qu'on appèle aujourd'hui la Croatie et la Dalmatie. Les peuples qui habitaient ce pays étaient adonnés à la piraterie; ce qui leur attira les armes des Romains. On peut consulter, sur ce point, le Voyage historique et pittoresque de *Casas;* on y verra nombre de monuments de la plus belle architecture, qui indiquent leur séjour dans ce pays qui fut long-temps sous leur domination.

LA RUPTURE.

MALHEUREUX ! quels seraient encore tes desirs ? Ne te suffit-il pas d'avoir trompé mon innocence par des ruses dont j'étais loin de prévoir les tristes suites, sans revenir sur de nouvelles plaintes, et ainsi me déchirer encore le cœur par des reproches qui me sont si sensibles ? Je ne suis plus la même qu'autrefois ; pourquoi donc viens-tu fouler aux pieds une ombre prête à entrer dans le tombeau qui s'entr'ouvre pour elle ? Tu me demandes la cause de mon silence à ton égard ; et pourquoi, plus prudente que je ne l'étais naguères, j'évite tout rapport avec toi. Tu persistes à savoir les raisons pour lesquelles, fuyant les moindres occasions qui pourraient nous rapprocher, je n'ai plus le même intérêt pour tout ce qui te regarde ? Interroge ta conscience, tu y trouveras tracée ma réponse. Oui, le langage que je tiens est celui de l'honneur, dont j'écoute trop tard la voix. Virginité, que je conservai lorsque je respectais les lois de la pudeur, dont le nom n'est plus pour moi qu'un vain son; Vertu, qui me fus si chère, c'est en vain que dans mes illusions je te cherche, lorsqu'il ne me reste aucun espoir sur ton retour! O fleur, que je conservai autrefois sous les auspices les plus heureux, et qui, perdue, ne reviendras jamais sur ta tige, fleur qu'une fille sage doit éloigner des atteintes de tout amant audacieux; ainsi tu me fus si perfidement cueillie, et tu ne me laisses que des épines qui ne peuvent me dédommager de ta perte (1)! Ma faute, dont je connais actuellement toutes les conséquences, me tire ces larmes que je verse avec raison; et personne ne peut tarir la source d'où elles découlent. Mais quelle consolation pourrais-je attendre de toi, en te faisant partager ma douleur, lorsque je devrais me venger du coupable? C'était donc à ce point où tu voulais m'amener, lorsque nous formâmes des liaisons qu'une mère trop imprévoyante favorisa si bien? Lorsqu'elle te demandait que tu m'enseignasses la philosophie et la musique, me confiait-elle à toi pour que je devinsse victime de ta tromperie? Tu me fis envisager la première de ces études comme pouvant s'allier aux douces impulsions du cœur; ainsi, écartant tous mes préjugés, tu sus te faire une route facile pour mieux arriver à ton but. Tu m'offris Épicure comme le philosophe dont je devais suivre les maximes; mais, bien plus trompeur que lui, tu as profité de mon ingénuité pour me conduire dans les routes de l'erreur. Ainsi, sondant mes pensées et combattant cette austérité de mœurs qui convenait à mon âge, tu me présentas la coupe amère du crime, dont les bords étaient imbus du miel le plus savoureux; et après une telle conduite, tu m'engages à revenir sous un joug qui ne peut que m'être odieux ! Plût aux cieux que, moins zélée pour moi, Minerve ne m'eût témoigné que du mépris, et que je n'eusse jamais pensé à rendre à cette déesse un hommage qui devait m'être si préjudiciable ! Si tel eût été mon sort avant de commettre une faute que mes larmes ne pourront assez tôt effacer, j'aurais encore droit à l'estime ; mais actuellement que j'ai la conviction de sa gravité, il m'est impossible de la cacher sous le voile de l'ignorance. Non, je ne m'abuse point ; connaissant la position critique où je suis, je dois recourir aux moyens qui peuvent l'améliorer. Or, la première chose que je doive faire, est de cesser avec toi ce commerce d'étude qui est l'origine de mon chagrin. Ma mère, déjà trompée sur sa cause, accède d'autant plus à ma résolution, en m'engageant de lui donner effet, qu'elle craint qu'une application long-temps continuée n'altère mes forces et ne nuise à ma santé. Tu vas sans doute croire que j'éprouve les feux d'un amour qui t'est étranger ; et ainsi, Phylire deviendra l'objet de ta haine. Loin de moi une pareille inculpation qui, me taxant d'oubli, annullerait des serments qui me sont inviolables. Ma fidélité, sur ce point, est hors de toute atteinte ; j'en atteste ces astres dont s'enorgueillissent les cieux, qu'elle sera toujours la même. Ah ! que ne puis-je, en te perdant, oublier ces vives émotions que j'éprouvais au milieu des plaisirs où nos ames s'abandonnaient ! Mais garde-toi, d'après ce dernier aveu, quelqu'agréable qu'il te puisse être, de nourrir encore la moindre espérance. Ma résolution est prise depuis long-temps ; elle aura son effet, si les dieux me favorisent. Ainsi, ayant perdu l'honneur pour toujours, et ne pouvant avoir aucun titre à l'estime qui en dérive, je dois effacer ma faute par un retour sincère aux mœurs les plus sévères. C'est pour répondre à ce parti que je veux éviter toute occasion de rechûte, afin de ne point être en opprobre aux filles de mon rang. Hélas ! il me sera donc inconnu le terme de mes malheurs ; et c'est ainsi que les devins m'annonçaient un sort prospère ! Devenue victime de l'ignorance, où irai-je chercher la consolation qui m'est si nécessaire dans mon déshonneur ? Ainsi, les dieux ne veulent plus prendre part aux événements de ma vie, et les cruels oracles me refusent tout secours !

---

(1) Où pourrions-nous mieux placer qu'ici, le passage suivant de l'Epithalame que l'on doit à Catulle ?

Ut flos in septis secretus nascitur hortis,
Ignotus pecori, nullo contusus aratro,
Quem mulcent auræ, firmat sol, educat imber;
Multi illum pueri, multæ optavere puellæ :
Idem cum tenui carptus defloruit ungue,
Nulli illum pueri, nullæ optavêre puellæ.
Sic virgo, dum innupta manet, dum cara suis est ;
Cum castum amisit polluto corpore florem,
Nec pueris jucunda manet, nec cara puellis.

L'Arioste a enjolivé ce morceau de tous les agréments de la poésie italienne, ainsi qu'on le voit dans les deux strophes suivantes :

La verginella è simile alla rosa;
Ch'u bel giardin su la nativa spina,
Mentre sola, e sicura si riposa,
Nè gregge, nè pastor se le avvicina;
L'aura soave, e l'alba rugiadosa,
L'acqua, e la terra al suo favor s'inchina;
Gioveni vaghi, e donne innamorate
Amano averne e seni, e tempie ornate.

Ma non si tosto dal materno stelo
Rimossa viene, e dal suo ceppo verde,
Che quanto avea da gli uomini, e dal cielo
Favor, grazia, e bellezza, tutto perde.
La vergine ch' il fior, di che piu zelo
Che de be'gli occhi e della vita aver dè,
Lascia altrui corre, il pregio, ch' avea innanti,
Perde nel cor di tutti gli altri amanti.

Canto Primo.

LES ANGOISSES.

Ame de ma vie ! à quoi servent, dis-le-moi, ces reproches amers dont tu viens de navrer mon cœur ? Que signifie ce langage qui m'est inconnu? Ce triste adieu sera donc la récompense des peines que j'ai prises pour orner ton esprit de toutes les connaissances dont les Muses m'ont favorisé ! Pourquoi, cruelle, en m'envoyant mon arrêt, n'y as-tu pas joint la ciguë, pour que je trouve, dans un aussi doux breuvage, la fin la plus prompte à mes maux ? Indique-moi la cause de ces plaintes et des reproches qui les accompagnent, reproches dont la sévérité, si tu persistes, me sera bientôt funeste. Mon attachement, mon zèle, et l'amour même dont je brûle encore pour toi, ont-ils cessé d'être les sûrs garants de ma sincérité ? Eh ! que m'importe, dans l'éloignement où tu veux être de moi, que, conservant le souvenir de nos liaisons, tu ne penses point à te lier avec un autre sous le joug de l'hyménée ? A quoi pourront me servir ces témoignages de bienveillance que tu me donnes encore par une pareille assurance, si, te parjurant, tu me refuses l'espoir de voir nos liens se renouer ? Non, les préjugés qui t'aveuglent aujourd'hui, ne fermeront pas chez toi tout accès à la nature ; envain tu t'entoureras de remords, celle-ci saura se faire un chemin au milieu d'eux. Ne crois pas, cruelle, que ton aveu me porte à une prompte vengeance, dans la persuasion où je suis que bientôt tu expieras ta faute. Tout ce que je te demande, est de ne point oublier les feux que tu prenais tant de plaisir à nourrir, quand Vénus les animait de sa présence. Il n'est aucun lieu dans ta demeure qui ne puisse te rappeler ton ivresse, et les moyens auxquels je recourais pour l'appaiser. Ici, ma première audace excita tes soupirs, et la pudeur qui s'éteignait, savourait encore des plaisirs dont elle sentait tout le prix. Là, sur ce lit de repos, les larcins, les menaces, les ruses, et autres jeux d'amour, nous occupèrent tour-à-tour, toujours attentifs aux moyens de varier nos plaisirs. Celui qu'on méprise goûte une profonde satisfaction à reprocher ses bienfaits. Eh bien! j'aurai aussi ce moyen en mon pouvoir; et déjà l'idée seule que je m'en fais, diminue le poids qui m'opprime. J'ai orné ton esprit des plus grands avantages; et, à cet égard, les sciences et les arts m'en ont fourni les moyens; puis je t'ai introduite dans l'auguste sanctuaire de la plus sublime philosophie. Imbue de toutes les connaissances que tu obtins de celle-ci, tu reçus le tribut de gloire que tu devais attendre de ses faveurs. Quelle est ma récompense pour tous ces bienfaits? Tu m'éloignes, et même tu pousses l'ingratitude jusqu'à l'exil. Mais, pourquoi ne pas oser le dire? le dévouement que je te conserve encore fera ton supplice; et loin que le temps diminue ta peine, il ne lui donnera que plus de force. Ainsi, toute volupté que tu seras prête à savourer dans d'autres bras, se convertira en amertume, sans que ton malheur puisse avoir de terme. Hélas! avec quelle rapidité mon bonheur s'est-il évanoui, et que l'époque me semble déjà loin! Oui, permets-moi de revenir encore sur lui, et de parcourir en esprit ces jouissances qui désormais seront nulles pour moi. Malheureux! le souvenir qui m'en reste excite déjà mes larmes. Tout a disparu pour moi; ris, jeux, plaisirs, jusqu'à l'espérance même, le seul réfuge des amants fortunés. Déjà la terrible Adrastie (1), toute armée de serpents, s'essaye sur ses aîles livides; ah! évite ses coups cruels, pendant qu'il en est encore temps, Pancharis, si ta flamme n'est point tout-à-fait éteinte, s'il reste encore dans ton coeur quelque place à l'amour, reviens à tes premiers sentiments pour moi. Tu ne pris point naissance dans le pays des Gètes; ce ne fut point une bête sauvage qui te donna sa mamelle au moment où tu vis le jour; et pourquoi aurais-tu le cœur aussi dur, aussi cruel pour te refuser à ma prière? Si je méritai de toi quelques faveurs, regarde-moi donc avec l'air serein que je te demande. Laisse-toi gouverner au gré de mes desirs. Qui, en effet, pourrait, comme guide, mieux te diriger que moi? Quel autre amant saurait mieux disposer de tes douces affections? Tu m'as récemment fait la confidence que je pouvais me glorifier du titre de père; ne me prive point de cet avantage qui me met au comble du bonheur. C'est la dernière prière d'un amant que tu désespères, ton acquiescement sur ce point pouvant seul le soutenir dans son malheur. Épargne-toi donc ces plaintes et mes vifs reproches, qui ne peuvent améliorer ton sort; et, revenant à moi, ramène avec toi les jeux qui te faisaient cortège. Docile à mon avis, prends pitié de l'infortune où tu vas me plonger. O meilleure partie de moi-même ! jète un regard d'intérêt sur toi, sur moi, et sur l'être que tu recèles en ton sein, et abandonne le reste au destin, en qui tu trouveras ta justification.

---

(1) Divinité à laquelle les Grecs avaient recours quand ils étaient offensés. C'est la même que Catulle invoque sous le nom de Némésis. Cette déesse, qui est la Vengeance, a reçu son non d'Adraste, roi de Sicyone, qui lui fit bâtir un temple à Rhamnuse, bourgade, dit Pausanias, éloignée de soixante stades de Marathon, d'où elle prit le nom de *Rhamnusia*. On y voyait une statue de dix coudées de haut, que Phydias avait faite d'un seul bloc de marbre. Comme les effets de cette divinité étaient subits, l'antiquité lui donna des aîles, comme un symbole de promptitude, et une roue sous les pieds.

LA FIÈVRE.

Oui, c'est la volonté suprême ; la fièvre, aux yeux hagards, au teint enflammé, retient mon amante sur le lit de la mort ; et déjà la noire Atropos menace de ses cruels ciseaux le fil d'une vie qui m'est si chère. Le fatal poison roule dans ses veines ; et il n'est aucune partie de son corps brûlant qui n'en éprouve les ravages. Ainsi, cette infortunée, sous peu de jours, sera descendue de la couche d'amour, vers le triste manoir. Dieux de l'olympe ! j'ai vu ses membres se roidir, au milieu des spasmes les plus violents ; j'ai entendu, non sans effroi, les paroles entrecoupées qu'elle m'adressait dans son délire. Hélas ! ces yeux si éloquents, lorsqu'elle me faisait part de ses plus doux sentiments, ne m'ont pas donné la moindre marque d'où j'aye pu croire qu'elle conservait encore de moi quelque souvenir ; mais me serrant la main au milieu de son délire, elle ne m'a que trop témoigné, par ce muet langage, quelles étaient ses dernières affections. O Jupiter ! toi qui fus et qui es encore le plus clément des dieux, daigne écouter les ardentes prières que je t'adresse : ma demande est juste ; que cette maladie, dont les apparences n'offrent rien que de sinistre, prène, sous tes auspices, un caractère de bénignité, et qu'ainsi elle n'entraîne avec elle aucune suite fâcheuse. Prends pitié de mes maux, de ceux qui affligent mon amie, et que le calme lui revenant, son état s'améliore. Divinités favorables aux amants, vous qui étendez votre pouvoir sur la terre, sur la mer, et jusques dans les cieux, je la mets sous votre garde. Quels crimes, hélas ! ont pu lui mériter une pareille punition? Ah ! veillez sur elle, d'autant plus que récemment encore, elle vous fut entièrement dévouée. Hélas ! quels avantages vous reviendraient de cette victime ainsi moissonnée à son jeune âge? Jugez de l'étendue de mes maux par les larmes amères que je verse; et, accédant à ma prière, éloignez d'elle tout présage funeste. Si le destin l'emporte sur vous (1), cessez, Parques qui voudriez m'être favorables, de vous occuper à continuer ma vie. Oui, il faut que je descende d'autant plus promptement vers le sombre manoir, que mon unique bonheur ici-bas, était dans cette jouissance. Je périrai, si sa perte est irrévocablement décidée, et bientôt faisant voile avec elle sur les noires ondes du Styx, une même barque sera chargée de tous nos amours. Mais si je puis faire parler en sa faveur la clémence des cieux, en revenant à la vie, elle renouera le fil de la mienne, prêt à se rompre; et ainsi, je partagerai encore avec elle les vicissitudes du sort. Malheureux! il n'est plus d'espoir pour moi, actuellement que ma nacelle flotte à l'abandon sur des ondes qui lui sont si contraires.

(1) Le destin était une divinité qui avait un pouvoir supérieur à la volonté de tous les dieux, du moins à s'en rapporter à Hésiode qui lui donne le Chaos pour père et la Nuit pour mère. Ainsi, Jupiter, dans Homère, voulant sauver Patrocle, interroge le destin, et le côté de la balance où était l'arrêt de mort du héros, étant plus pesant que celui où l'ordre de sa vie fut placé, le maître du ciel est obligé de céder. Diane, dans Euripide, n'a pas d'autres consolations à offrir à Hyppolite mourant que l'assurance qu'elle tuera de sa main un des amants de Vénus, ne pouvant par elle-même changer l'ordre du destin. Les poètes, que leurs incursions fréquentes dans les cieux ont mis à même de connaître tous les coins et recoins de l'empyrée, disent que les arrêts du destin sont écrits dans un grand livre toujours ouvert dans un lieu écarté du ciel, où il n'y a que les grands dieux qui peuvent le feuilleter. Apollon, en colère sur son exil de l'olympe, emporta avec lui ce curieux manuscrit, dont il laissa prendre quelques copies dans ses courses sur terre; copies qui, conservées dans ses temples et consultées par ses Pythies, lui acquirent une telle célébrité, qu'on lui donna le surnom de Dieu des Oracles.

Le destin avait pour ministres les trois Parques qui exécutaient les ordres qu'il leur prescrivait. On a représenté cette divinité ayant sous les pieds le globe de la terre, et tenant dans ses mains l'urne qui renferme le sort des mortels : sa tête est celle d'un homme âgé, ayant une couronne surmontée d'étoiles et un sceptre, symbole de sa souveraineté. Pour faire connaître son invariabilité, les anciens le caractérisaient par une roue que fixe une chaîne. Ainsi se sont exprimés les poètes. Les philosophes tiènent un langage plus sensé, en disant que le destin est un enchaînement de causes propres à produire un effet. Selon eux, il est une vérité éternelle, qui est que rien ne paraît que ce qui devait arriver ; de même que ce qui devait arriver avait sa cause dans l'ordre particulier de la nature ; ensorte que le destin ne serait qu'une cause physique des choses qui devaient avoir lieu pour le passé, et qui aura son plein effet pour l'avenir à l'égard de ce qui doit arriver. Chrysippe le définissait *sempiterna quædam et indeclinabilis rerum series.*

LE TRÉPAS.

C'EST du lit de la mort que te viènent ces dernières paroles, qui t'apprendront la triste fin de ton amante. Je profite de l'instant de repos que la fièvre me laisse, pour me soulager sur toi du poids qui m'opprime. Au moment où ces caractères que trace ma main tremblante, t'instruiront sur mon sort, je serai sûrement descendue dans le noir abyme. Ah ! si ton ame était capable d'apprécier le méritte de la vertu que j'oubliai, viens vers moi, et repais-la du triste tableau des malheurs que tu me causes. Les fautes de ma vie passée, en se représentant continuellement à ma mémoire, m'ont tellement affectée, que mon sang, trop agité, en éprouve les plus cruelles atteintes. Le mal est au plus haut point, d'où j'en augure le terme prochain de ma vie ; cependant, quelque tourmentée que j'en sois, je t'appèle encore à mon aide, et quoique coupable, tu m'es toujours cher. Cruel amour, piété, pudeur; ah! quel combat vous excitez encore au fond de mon cœur! Pendant que le feu de la fièvre me laissait quelques moments de raison, j'ai cru devoir découvrir à ma mère toute l'étendue de mon crime. Dès ce moment le calme est revenu dans mes sens; mais que ce repos est loin de pouvoir améliorer mon sort! Hélas! le foyer fébrile comprimé, n'en agit que plus violemment au dedans, et tous les secours de l'art de Machaon sont et seront nuls sur lui. La faute en est à ma mère, qui n'a point assez veillé sur une fille qu'un nœud de son choix aurait pu rendre heureuse. Néanmoins, il est encore un plus grand opprobre pour moi, c'est celui d'avoir porté la mort au fruit caché de nos amours. Oui, dans les efforts qu'il fait pour se procurer par lui-même la jouissance d'une vie que la cruauté de mon sort lui refuse, je sens le châtiment qu'il ajoute à celui que m'a valu mon crime. Barbare destin ! tu veux donc que je périsse sans emporter avec moi la douce jouissance que j'attendais du titre de mère ? Ainsi elles seront remplies les dernières paroles de l'oracle ! Allez, incrédules, et moquez-vous désormais des augures qui vous manifestent la volonté des dieux ! Les spectres voltigent autour de moi ; ils m'annoncent mon heure dernière ; et le hibou, du haut des toits, me signale de son triste cri le moment du départ (1). Tysiphone, secouant ses couleuvres près de mon lit, fait déjà entendre ses sinistres hurlements (2). Ainsi, puisque tel est l'ordre des cieux, je mourrai pour expier mes fautes ; et, traversant les infects marais de l'Achéron, je paraîtrai devant mes juges, pour leur mettre en évidence ma vie et les crimes dont elle fut souillée. Ah ! puissent-ils, en voyant mon repentir, me pardonner en faveur d'une inexpérience dont je fus la victime ! Déjà cet espoir semble me frayer une route plus agréable vers la rive qui m'attend. L'abyme s'entr'ouvre ; rappèle-toi mes malheurs ; rappèle-toi nos amours, et dès-lors je n'hésiterai plus à y descendre. Ainsi, revenant sur les circonstances qui nous sont communes, dis en toi-même : « Ah ! pourquoi sa cruelle étoile ne lui a-t-elle pas permis de fournir une plus longue carrière?» Le seul souhait que je fasse en ce triste moment, est que mes cendres reposent sous l'arbre consacré à la déesse qui reçut nos hommages, et que tu viènes les arroser du vin et du lait que l'expiation de mes fautes te demande. Puisse-t-on élever sur elles un cippe (3) d'un marbre de Sparte, où seront gravées les paroles suivantes !

D'un amour imprudent victime infortunée,
La jeune Pancharis repose en ce tombeau.
Si son ame au plaisir se fût moins adonnée,
La mort eût de ses jours respecté le flambeau.
Aux discours d'un amant elle fut trop sensible.
O vous tendres beautés que touche son malheur :
Fuyez d'un séducteur l'éloquence nuisible :
On perd, en l'écoutant, et la vie et l'honneur.

Mais déjà les paroles s'arrêtent sur mes lèvres ; le froid de la mort prive mes membres du mouvement qui leur restait ; les forces m'abandonnent ; ma vie est en prise avec les causes qui vont la finir. Hélas ! je succombe. Adieu... Adieu, mon ami.... Adieu.

---

(1) Il y a dans l'original *strix*, qui dérive de *stridere*, jeter un cri aigu, parce que les oiseaux de nuit qui sont caractérisés par ce terme générique, se reconnaissent à cet indice. Nous avons rendu ce mot par son équivalent, celui de *hibou*, nous conformant en cela au *Systema Naturæ* de Linnée. Le hibou, chez les Romains, était un oiseau de mauvais augure ; ils l'appelaient toujours dans leurs malédictions. Ovide, dans ses Fastes, en donne la raison, *quod horrendum stridere nocte solet.* Le poète, en le regardant ici comme tel, n'a pas suivi les opinions du pays, dont il a jusqu'ici conservé les usages. Peut-être son héros vivait-il à une époque où la croyance des Romains avait suivi leurs

armes victorieuses dans les colonies grèques. Quoi qu'il en soit, de toute antiquité, quand on voyait voler des hibous sur le temple de Minerve à Athènes, on était sûr que tout prospérerait pour la chose publique. Plutarque nous apprend à ce sujet, dans la vie de Périclès, qu'un de ces oiseaux étant venu se percher sur le mât du navire où ce héros haranguait ses soldats, ceux-ci furent si charmés de cet augure, qu'ils consentirent aussitôt à tout ce que ce général leur demandait.

(2) Tysiphone est une de ces trois divinités infernales, imaginées par les poètes pour être les ministres de la vengeance divine à l'égard des criminels. Sitôt que les juges des enfers avaient prononcé, celle-ci se chargeait du malheureux pour le tourmenter. On la représente couverte d'une robe ensanglantée, et veillant nuit et jour à la porte du Tartare, quand elle n'était point occupée. Il est fait mention d'elle dans l'original, à raison de la mort du fruit des amours de l'infortunée héroïne du poème; la racine du mot venant de *tiein*, punir, et de *phonos*, meurtre.

(3) Colonne ou autre masse de pierres qu'on

élève sur un lieu où sont les cendres de quelqu'un dont on veut conserver la mémoire. Les parents, chez les anciens, les couronnaient de fleurs certains jours de l'année, et répandaient sur elles des parfums en mémoire de ceux ou celles qu'elles rappelaient à leur souvenir. On s'est servi de tout temps et partout de ces indices, pour éterniser la mémoire des personnes qui se distinguèrent ou qui furent chères pendant leur vie ; mais il n'est point de lieu où cet usage ait eu plus de luxe qu'en Grèce et en Égypte. Il amena insensiblement l'érection des pyramides et des tombeaux, que les Romains adoptèrent ensuite dans leurs contrées. Parmi ces dernières marques de souvenir, le tombeau qu'Artémise, reine de Carie, fit élever à Mausole, son époux, a été un des plus célèbres de l'antiquité. Quoiqu'il passât pour une des merveilles du monde, Anaxagore, en le voyant, n'en dit pas moins froidement : « Voilà bien de l'argent changé en pierre sur un bien petit motif. » Celui du prophète Mahomet, à la Mecque, est un des plus curieux en son genre, par la manière dont le cercueil est suspendu à la voûte du lieu où il est. Les Grecs mettaient sur leurs cippes, comme sur leurs pierres sépulcrales, les noms du mort avec ces mots, *bon homme* ou *bonne femme, bonjour*; ils ajoutaient encore l'épithète *héros*, quoique le défunt ne méritât pas plus cette qualification que nos marchands devenus échevins, à qui naguéres, en pareil cas, on prodiguait le titre de *noble homme*. Les églises, il y a quelques années, étaient encombrées de ces marques vénales de distinction; on les a toutes détruites pendant le dernier vandalisme qui ravagea la France; et actuellement l'homme qui a bien mérité, comme celui qui fut la honte de son siècle, sont confondus dans le champ de larmes. Il reste à décider s'il ne faudrait point tenir un milieu entre ces deux extrêmes. Si l'on s'en rapporte à l'orgueil de ceux de leur sang qui leur survivent, les abus dérisoires qui, naguères, excitaient l'indignation du philosophe, reprendront bientôt vigueur, tant les pygmées ont de propension à paraître des géants.

LES LAMENTATIONS.

Mon malheur est à son comble ; ils ont disparu tous ces plaisirs qui m'attachaient à la vie. Oui, c'en est fait de moi, actuellement que la cruauté de mon sort s'est développée dans toute son étendue. Pancharis a terminé sa carrière, et je n'ai pu lui fermer les yeux, ni, unissant mes lèvres aux siennes, recevoir son ame au moment où elle s'échappait d'un corps désormais inutile. Ainsi, un froid sommeil s'est étendu sur elle, pendant qu'aux prises avec la mort, ses membres s'agitaient sur son lit de douleur ! Elle cherchait encore à parer ses derniers coups, mais tous ses efforts furent inutiles ; elle succombe. Hélas ! que le sol s'entr'ouvre au plutôt sous mes pieds ; et pour peu qu'il diffère, que Jupiter, avec sa foudre, me fraye vers l'abyme, le chemin le plus court. Oui, c'est à présent qu'il faut que je descende vers les tristes demeures de Pluton, puisque tout ce qui faisait ici mon bonheur m'est ravi. Eh bien! destin barbare, imbibe actuellement mon cœur du plus noir venin, et réjouis-toi de mes justes douleurs. Telle, frappée par le souffle glacial de Borée, la narcisse ingénue, à peine éclose dans nos parterres, se penche sur sa tige, et tombe; ainsi, par une mort précipitée, disparaît de dessus la scène du monde, ma belle que Vénus comblait déjà de ses plus grandes faveurs. En vain je demandais aux cieux, dans ma prière, de traverser le Styx avec elle. La roue du destin va donc désormais se mouvoir pour ne me dérouler qu'une longue série d'infortunes? Eh! je n'écouterais pas la voix qui, au dedans de moi, me crie de rompre la fatalité de mon sort, en descendant vers elle? O! quelles peines ne se préparent pas ceux qui se laissent aller aux charmes d'un nouveau feu! En répondant à l'ardeur de celui que j'éprouvais, pardonne-le-moi, ombre chérie, je ne pensais qu'aux jouissances qui m'étaient particulières, coupable en cela, et de propos prémédité, m'inquiétant fort peu de celles que la bonne déesse pouvait accorder à mon amante. O crime que j'expie d'une manière bien amère! Je brûlai pour elle, oui, je brûlai jusqu'à en perdre la raison; et c'est moi qui forgeai les armes dont je reçois aujourd'hui le coup le plus cruel! Elle m'aima, il est vrai, mais que je paye cher le bonheur dont je fus favorisé! J'espérais... hélas! que n'espère-t-on pas quand on aime? oui, j'espérais, quand elle aurait des indices certains sur le fruit de nos amours, de pouvoir à la première occasion, fléchir sa mère. Je croyais même, en m'excusant sur ma faute, et à l'aide des offrandes faites à Junon, l'amener au point de combler mes desirs. Je lui eusse demandé alors que les torches de l'Hyménée brûlassent pour nous; une pareille alliance étant le seul moyen de réparer nos erreurs. Tel était mon espoir ; mais que j'étais loin alors de croire qu'il dût être le jouet des vents ! Ainsi, portés sur les aîles rapides du Corus, mes vœux parvinrent bientôt jusqu'aux contrées de Memnon (1). Pancharis, écoutant trop les préjugés de sa première éducation, s'abandonne à l'amertume que lui laissent les remords. Erynnis exerce sur elle toute sa fureur ; son sang s'échauffe, bientôt il se fige dans ses veines, et c'est alors qu'elle se refuse à l'espoir bienfaisant qui lui eût allégé le poids de ses noires inquiétudes. Mais ce qui met le comble à son malheur, elle se confie à la voix trompeuse des oracles, et, m'adressant un dernier adieu, elle meurt victime de sa croyance. Telle Phœbé, quand son orbe parfait brille le plus, s'éclipse sous le voile épais d'un humide nuage ; de même la pâleur sur les lèvres, la lividité sur les joues, cette belle disparaît au moment où mes avides regards la cherchent encore. O Phœbé, tu reviens avec ta clarté première, et mon amante s'éloigne de moi pour jamais! Hélas! ouvrez vos sources secrètes, ô mes yeux, et versez d'abondantes larmes. Malheureux que je suis! mes pleurs sont inutiles, et celles que je verserais encore ne pourraient m'être d'aucun secours. Muses, où étiez-vous lorsque l'inexorable Parque coupa le fil de ses jours? Est-ce ainsi qu'elle fut en sûreté sous votre garde, celle à qui vous accordâtes toutes les faveurs qui pouvaient adoucir ses peines? Beaux lieux, autrefois si agréables, qui protégeâtes nos feux; vous qui fûtes si souvent témoins de nos transports; sous les auspices de qui nos jouisssances se prolongeaient en doux frémissements; ô confidents de mon sort, répondez actuellement aux accents de ma douleur. Ah! que vos charmes sont différents de ceux dont naguère encore vous m'étaliez la pompe! Quelle lenteur dans le cours de ce ruisseau dont les ondes sont si noires! Cette anse, dont le crystal la recevait, lors des plus grandes chaleurs de l'été, exhale maintenant une odeur qu'on a peine à supporter. Il languit le feuillage de ce berceau qui nous protégea de son ombre, lorsque nous nous donnions des marques réciproques de la plus grande tendresse. Il ne se fait plus entendre, ce mélodieux chardonneret dont le langage donna tant de fois un nouvel aliment à notre flamme. Tout m'offre les marques de la contagion la plus destructive. Ainsi, l'absence de Pancharis a fait disparaître le charme qui embellissait ces lieux ! Chacun pleure, et trouve encore en pleurant quelqu'un qui lui adoucit sa peine ; mais quelles que soient les consolations que je cherche, elles s'éloignent toutes de moi. De temps à autre je donne, par mes vers, une existence durable à mes sanglots, pour qu'ils constatent l'attachement qui me lia à elle ; mais ces élans aggravent ma douleur ; et ainsi, les larmes, si utiles aux autres, tournent à mon plus grand tourment. Eh ! que le coup qui l'a frappée, n'a-t il aussi atteint une vie qu'il faut que je termine? Ah! si cette résolution que j'en prends actuellement, était un crime, pourquoi y serais-je invité par mon amour? Déesse de Chypre, qui reçus si agréablement l'hommage de deux amants dont naguère encore l'encens brûlait sur tes autels, souffre qu'une victime de ses feux, qui parut tant de fois vers toi en suppliante, puisse trouver un lieu de paix dans les bosquets d'Idalie. Que, sur le coteau et à l'écart, s'élève son tombeau; qu'un myrte toujours fleuri lui donne un agréable ombrage, et que tout passant puisse y lire gravée, l'inscription qu'elle se composa lorsque sa mort était proche; cette inscription, dont la teneur est, que toute fille prudente et sage doit scrupuleusement observer les lois de la pudeur, pour ne point se laisser entraîner, par leur oubli, à une erreur qui tôt ou tard ne pourrait que lui devenir préjudiciable. Cependant, que les vers suivants en soient l'appendice, comme le meilleur avis qu'on puisse donner à celles qui sont depuis peu sous le pouvoir du fils de Cythérée.

O vous qu'un même amour réunit et protège,
Redoutez son exemple; et dans vos jeunes ans
De vos jours fortunés conservez le printemps,
Ou craignez que la mort de sa faulx ne l'abrège.

Que ma flûte, qui a tant de fois chanté nos ardeurs, désormais muette, y soit suspendue comme un indice de ma sincère douleur, et annonçant que Pancharis étant morte, tous mes plaisirs doivent cesser avec elle.

---

(1) Fils de Tithon et de l'Aurore, qui, de l'Éthiopie, où il régnait, porta des secours à Priam lors du siège de Troie. Il fut tué au fort d'un combat par Achille. On dit que tous les ans il venait vers son tombeau, qui est près de Troie, une foule d'oiseaux qu'on appelait Memnonies pour cette raison. Le *Corus*, dont il est

fait mention dans le texte, est un vent de Nord-Ouest.

(2) Les temples, chez les Grecs, offraient souvent non seulement les drapeaux, les enseignes et autres monuments d'une victoire qu'on avait remportée, mais encore les instruments d'un art qu'on ne voulait plus exercer. Ainsi, dans Théocrite, Daphnis au moment d'expirer, suspend sa flûte aux murs d'une chapelle consacrée à Pan. Laïs abandonnée, dépose son miroir au pied de la statue de Vénus; Bitinne, une chaussure charmante; Philænis, une coëffure élégante; la belle Héraclée, un voile d'une finessse qu'on ne pouvait voir qu'avec la plus grande surprise. Cette coutume passa des Grecs aux Romains; du moins c'est ce qu'indique le morceau suivant pris d'Horace :

Vixi puellis nuper idoneus,
Et militavi non sine gloria :
Nunc arma defunctumque bello
Barbiton hic paries habebit,

Lævum marinæ qui Veneris latus
Custodit. Hic, hic ponite lucida
Funalia et vestes et arcus
Oppositis foribus minaces.

LES OBSÈQUES.

VERSEZ, en ce jour, des larmes amères, vous qui éprouvâtes le pouvoir de l'Amour ; Pancharis a devancé le terme où devait finir sa carrière.

Le devoir m'en est particulièrement imposé, à moi qui l'aimai, à moi par qui lui furent connus tous les charmes du dieu d'amour. Hélas ! combien elle me pèsera cette prérogative qui va rouvrir toutes mes blessures, et rendre mes peines plus cruelles ! J'ai vu cette fleur s'épanouir sous les caresses de Zéphyr, et présenter toute la beauté de son feuillage, à mesure qu'elle s'épanouissait sur sa tige. Lorsque cette Nymphe allait offrir à Cérès le plus pur froment, je crus voir, sous ses traits, une beauté descendue des célestes demeures, tant était majestueuse sa démarche, et tant furent moëlleux les sons modulés de sa voix. On eût dit, en voyant ses graces et sa candeur, que c'était Hébé, qui portait la coupe de nectar à Jupiter.

Versez, en ce jour, des larmes amères, vous qui éprouvâtes le pouvoir de l'Amour; Pancharis a devancé le terme où devait finir sa carrière.

Comme une rose récemment entr'ouverte sous la douce haleine des Zéphyrs, offre insensiblement au cultivateur tous les agréments de sa parure, lorsque nourrie par les sucs de la terre, que la chaleur atténue, son vêtement blanc prend insensiblement la rougeur tendre de l'incarnat; de même, de jour en jour, le pourpre colorant légèrement les lis de son visage, y venait ajouter une nouvelle grace qui leur manquait la veille. Sa taille était élégante, ses traits sans défaut; mais si l'on s'arrête aux qualités de son ame, infiniment plus appréciables encore, quel sera le terme aux éloges? Quelle suavité dans son langage! quelle flexibilité dans sa voix ! quelle mollesse dans les sons qu'elle tirait de sa lyre ! Fut-il jamais, à son âge, une Milésienne qui eût plus de douceur dans le caractère, plus de perspicacité dans les idées, et plus de profondeur dans le jugement (1)?

Versez, en ce jour, des larmes amères, vous qui éprouvâtes le pouvoir de l'Amour ; Pancharis a devancé le terme où devait finir sa carrière.

Le temps, qui apporte à chacun l'adoucissement de ses peines, nourrissant en moi le germe de mes maux, ne fait qu'accroître encore plus mon amour. Envain mes soupirs l'appèlent : envain mes gémissements devancent l'Aurore ; la nuit comme le jour, je suis dans la tristesse, et le Soleil de retour à l'horison, s'étonne de la continuité de mes larmes. Pancharis, je te pleure ; les Muses (2) pleurent ta triste destinée, les Nymphes et les Dryades t'appèlent d'une voix gémissante ; ta mère, tes compagnes, tes esclaves, et chaque habitant de la campagne, te demandent dans leurs sanglots, jusqu'à l'oiseau au vert plumage, que je te donnai, qui, répétant continuellement ton nom, te croit encore vivante. Une froide langueur s'est emparé de tous; tant ta perte nous a tous atterrés, et tant ton sort cruel nous attriste!

Versez, en ce jour, des larmes amères, vous qui éprouvâtes le pouvoir de l'Amour; Pancharis a devancé le terme où devait finir sa carrière.

Si, descendue vers les demeures inférieures, tu conserves encore une ame sincère, et qu'il te reste quelque souvenir des serments que tu me fis (3), tu te rappèleras ton tendre amant, et tu n'oublieras pas sa franchise à qui l'amour donnait un nouveau prix. Divinités jalouses de mon bonheur, rendez-moi celle que vos lois inexorables m'ont ravie! Prêtez l'oreille la plus attentive à mes douloureux accents. Hélas! il n'est que trop vrai, mes voeux sont vains. Mes voeux sont vains! Ces lèvres, qui naguère formaient encore des sons si tendres, garderont désormais le plus profond silence. Ainsi, l'on va rendre les derniers devoirs à ces restes inanimés qu'un triste bûcher aura bientôt dévorés (4) !

Versez, en ce jour, des larmes amères, vous qui éprouvâtes le pouvoir de l'Amour ; Pancharis a devancé le terme où devait finir sa carrière.

Ah ! conservez soigneusement ces cendres qui me sont encore si chères, vous à qui ce soin pieux sera confié ; versez sur elles les faveurs de Bacchus ; faites-leur nos derniers adieux, et les ayant convenablement parfumées avec l'encens le plus pur, renfermez-les dans une urne de Paros, et portez-les à l'écart dans les bosquets de Chypre, où personne ne puisse troubler leur repos. Afin que ceux qui viendront visiter un lieu si cher, y puissent trouver quelqu'ombrage, placez-les sous un mélèze dont l'haleine du Zéphyr alimentera la cause de leur tristesse. Que la jeunesse éplorée viène jeter sur son cippe des roses fanées. Que les Graces et les Muses suivent ce lugubre cortège, que fermera l'Amour ayant son flambeau renversé. Qu'on voye, par les larmes et les soupirs de chaçun, que la mort de cette infortunée a mis fin au bonheur de tous ceux qu'elle abandonne.

Versez, en ce jour, des larmes amères, vous qui éprouvâtes le pouvoir de l'Amour; Pancharis a devancé le terme où devait finir sa carrière.

Hêtres touffus, fontaine dont la clarté des eaux n'est jamais troublée; et toi, réduit, à qui un tapis de mousse donne une si agréable parure; toi où l'on peut se défendre des atteintes d'un soleil brûlant, mais non des traits du fils de Vénus, recevez pour vous ces accents d'une Muse plaintive, et portez au plus loin ses gémissements. Pourquoi la nature se revêt-elle encore des richesses du printemps, lorsque celle qui en relevait l'éclat n'a plus aucune existence? Ainsi s'éloignent les Amours et les Jeux, et avec eux les

Plaisirs qui amélioraient ma vie. Zéphyrs, propices à ma douleur, publiez partout ma triste destinée, et que tous ceux qui ont éprouvé les feux dont on brule à Cythère, s'écrient avec moi :

Versez, en ce jour, des larmes amères, vous qui éprouvâtes le pouvoir de l'Amour ; Pancharis a devancé le terme où devait finir sa carrière (5).

---

(1) Quand, dans Milton, Adam raconte à l'ange les impressions qu'il éprouva à la première vue de son épouse, il ne la peint point sous les traits d'une Vénus de Praxitèle. Il ne loue ni sa taille, ni ses traits ; mais il insiste sur son air de candeur qui lui donnait tant de charmes :

Grace was in all her steps, heav'n in her eye,
In all her gesture dignity and love.

« Ainsi, dit à cet égard, Adisson, la plus fière de toutes leurs beautés doit savoir que quelqu'agréables choses que lui dise son miroir, ses traits les plus réguliers n'auront jamais de force ni de vie, s'ils ne sont animés par ce divin rayon.» Nous citerons comme preuve d'un court éloge sur ce point, l'épitaphe suivante que Benjamin Jonhson composa :

Under this stone doth lie
As much virtue as cou'd die,
Which when alive did vigor give
To as much beauty as cou'd live.

(2) Nous devons à Hésiode les noms de ces demi-déesses qui forment le cortège d'Apollon, comme les Graces font celui de Vénus. Ausone les cite avec leurs attributs et caractères, ayant ce fils de Latone qui préside à leurs travaux, et les anime de son feu divin. Nous soumettons la traduction libre de ses vers dans d'autres qui valent bien les siens :

Dans son rapide essor, Uranie à nos yeux
Dévoile la nature et les secrets des dieux.
Des empires divers Clio chante la gloire,
Des rois, des conquérants, assûre la mémoire.
Calliope, accordant sa lyre avec sa voix,
Éternise en ses vers d'héroïques exploits.
D'un spectacle agréable employant l'artifice,
Thalie en badinant fait démasquer le vice.

Melpomène avec pompe étalant ses douleurs,
Nous charme en nous forçant de répandre des pleurs.
Érato des Amours célèbre les conquêtes,
Se couronne de myrte et préside à leurs fêtes.
Euterpe a de la flûte animé les doux sons,
Aux plaisirs innocents consacre ses chansons.
Polymnie a du geste enseigné le langage,
Et l'art de s'exprimer des yeux et du visage.
Terpsychore excitée au bruit des instruments,
Joint à des pas légers de justes mouvements.
De l'esprit d'Apollon une vive étincelle,
Des filles de Mémoire anime les concerts;
Et chef si distingué de leur troupe immortelle,
Il rassemble en lui seul tous les talents divers.

(3) C'est avec raison que l'auteur emploie ici le langage conditionnel; car il sait que quand on a traversé l'Achéron, on trouve dans l'immense prairie d'Asphodèles, le fleuve ennemi de la mémoire, dont chaque arrivant doit au moins prendre une gorgée, pour oublier tout ce qui attirait en haut son attention; ou, du moins, s'il l'ignore, il pourrait l'apprendre du récit qu'en ont fait Alceste, Protésilas, Thésée, et autres voyageurs graves qui n'avaient point touché aux ondes du Léthé, quand ils sont revenus des sombres demeures où il leur avait été accordé d'aller.

(4) Ces derniers devoirs consistaient à laver le défunt; on l'oignait après d'huiles parfumées ; ensuite on le couronnait de fleurs que la saison offrait; puis, avant de le brûler, on l'exposait quelques jours aux regards publics, après l'avoir revêtu de superbes habits ; les blancs étaient ceux qu'on préférait; on lui mettait un oreiller pour lui lever la tête; et quand le défunt était d'un rang distingué, on le décorait des marques de la dignité qu'il avait.

(5) Pour donner à ce morceau tout le fini dont il est susceptible, nous croyons devoir nous arrêter sur quelques usages reçus chez les anciens et pratiqués au moment où les ressorts de la vie commençaient à se détendre. Quand la chaleur vitale défaillait, on s'approchait du lit du mourant pour recueillir ses dernières paroles, qu'on croyait être empreintes du souffle de la divinité. C'était toujours un des plus proches parents, une mère, une sœur, un frère qui recevait les derniers soupirs, quand ce n'était pas un époux ou une épouse. Il fermait aussi les yeux et la bouche du moment où le décès était constaté. Alors on invoquait Mercure et autres divinités infernales ; on s'abandonnait à

la douleur ; on racontait les bonnes qualités de celui qui n'était plus, et bientôt les sanglots redoublaient. Les femmes s'arrachaient les cheveux et se meurtrissaient le sein ; la désolation était à son comble, malgré tout ce que les lois avaient fait pour modérer ces excès. Enfin, après ces premiers témoignages de douleur, les ctereïstes, *pollinctores*, lavaient le mort et l'embaumaient. Le jour du convoi développait tout ce qu'une majesté lugubre pouvait offrir de triste. On plantait un cyprès à l'entrée de la maison, pour indiquer aux pontifes de tout culte de n'y point entrer. Le plus ancien de la famille, comme étant celui qui devait bientôt suivre le mort, ouvrait la marche ; et pendant que la pompe funéraire s'avançait, on adressait des prières aux mânes ; on poussait des cris plaintifs, et de temps à autre on chantait des hymnes lugubres, *threnodia*. L'air retentissait des sons de la trompette tristement prolongés, au milieu desquels se faisaient entendre les voix gémissantes des femmes. Si le mort était un grand personnage, on portait des parfums dans des cassolettes, des mets exquis dans des corbeilles, de beaux vêtements sur un brancard, et parmi les simulacres des ancêtres du défunt, qui étaient sur des chars, en tête s'offrait son buste. Arrivé au bûcher, *pyra*, le corps était placé dessus, dans une toile d'amianthe dont on l'entourait; alors on prononçait l'oraison funèbre, et les deux plus proches parents allumaient le bûcher en détournant la tête, pour indiquer que c'était à regret qu'ils remplissaient ce triste devoir; et bientôt la flamme pétillante réduisait le corps en cendres. On recueillait les cendres qu'on trouvait au milieu de l'amianthe avec les os calcinés; au retour à la maison du défunt, on lavait le tout dans du lait et du vin. On emplissait ensuite une urne de ces précieux restes, et on gardait respectueusement celle-ci chez soi, où on la plaçait en quelque lieu sur une colonne ou élévation qu'on appelait *cippus*. Telles étaient les cérémonies d'usage chez les Grecs, dont les Romains empruntèrent beaucoup, dès que leurs victoires leur ouvrit entrée chez ce peuple célèbre. Ainsi chez ces derniers, à peine les cendres étaient-elles emportées, que s'avançaient des gladiateurs, qui faisaient trois fois le tour du lieu où avait été élevé le bûcher, ce qu'ils appelaient *lustratio*. Ils tiraient alors leurs armes brillantes, et dans la cruelle persuasion où ils étaient qu'il fallait du sang pour appaiser les divinités infernales, ils se battaient à outrance. Rentrés chez eux, on continuait les funérailles; des jeunes filles venaient, par des pas mesurés, jeter quelque plaisir au milieu de cette scène de tristesse. Ensuite on faisait des libations, des festins; on donnait des spectacles funéraires qui se continuaient pendant quelques jours; on brûlait des parfums dans le lieu où l'on conservait l'urne cinéraire; et les morts, quand ils avaient mérité l'hommage des vivants, devenaient presque des dieux pour leur famille.

L'INVOCATION.

O SUBLIME émanation de l'essence divine ! délectable Philosophie, source inépuisable d'où dérive à l'homme qui pense, le bonheur dont il peut jouir sur la terre ; toi qui portes sur le cœur ulcéré du malheureux le baume salutaire de la consolation, en rendant plus supportables les revers de la fortune à ceux qui les éprouvent ; lumière pure, inconnue aux mortels, avant qu'un dieu compâtissant à leur misère (1), daignât les en faire jouir; toi qui diriges sûrement dans les fâcheuses circonstances de la vie ceux à qui tu ouvres les routes où se trouve l'espérance ; je viens à toi, chancelant sous le poids des maux qui m'accablent : accorde-moi promptement ton aide, car toi seule peux me guérir. Nourri dans tes principes, je suivis l'école du divin Platon (2); et partisan de la gloire que déjà il répandait sur moi, je devins le zélé défenseur des mœurs, à cette première époque de la vie où l'on se laisse aller si facilement aux tendres impulsions du cœur. Alors Alcimédon mon père, craignant que ma nacelle, abandonnée à elle seule, ne fît naufrage sur quelqu'écueil, me confia, encore enfant, au philosophe Cratès qui devait nourrir mon ame de la meilleure doctrine, et me donner les premiers principes de la sagesse. La célèbre Athènes où je pus suivre plusieurs lycées (3), vint ajouter d'autres sources d'instructions à celles dont j'étais déjà pourvu. Ainsi, me promenant sous les platanes, avec les académiciens, je cherchais la vérité et les moyens de jouir plus agréablement du sort qui m'était échu, dès que j'aurais trouvé ce bien si nécessaire au bonheur de ma vie. Mais pourquoi, dans ma douleur, me rappeler le souvenir de ces événements qui nourrissent mes peines, loin d'en diminuer l'amertume? Non, les conseils de Socrate (4) et de Cratès, les préceptes de Zénon et de Platon, ni tous les raisonnements de Pythagore (5) n'ont aucun pouvoir sur un cœur que l'amour maîtrise. O Philosophie, comme mes jours coulaient délicieusement sous tes auspices, lorsque j'évitais tout ce qui pouvait me conduire dans les routes du crime! Je semais pour le bonheur d'une vie future, avide de récolter une moisson dont je pusse faire usage dans les disgraces de la fortune. Ah! si au lever du jour l'Aurore appelant au large le nautonnier qui s'apprête à déferler ses voiles, brille de tout l'éclat de sa parure, qu'il s'en fallut de beaucoup que ma vie, commencée sous un aussi agréable auspice, se continuât avec le même charme! Hélas! combien je me trompai sur le présage que dès-lors j'en tirai! Déjà brûlant d'un feu que la passion allumait en moi, c'est à ma honte que je l'avoue, je négligeai une doctrine qui se présentait de manière à réprimer mes inclinations. La douceur des lois que dictait Épicure, m'attira bientôt à son école, et ainsi je commençai à nourrir mon ame des principes dont j'étais loin de connaître les erreurs ! Quels plaisirs ne m'offrirent pas les préceptes d'un pareil maître, et quels charmes ne vinrent-ils pas ajouter à mon existence, quand ils furent encore réformés selon mes goûts ! Sage Platon, quels droits n'acquis-tu point alors sur moi ! quel fut le succès qui suivit mon dévouement à tes avis ! Les semences que tu avais confiées à un champ où elles auraient pu germer à mon avantage, ne tardèrent point à se pourrir, du moment que je cessai d'écouter ta voix. J'eus de l'aversion pour des lois qui, ne m'offrant que rigueur, me rendaient nuls les plaisirs de la vie. Du moment que je me fus écarté du sentier de la sagesse, je me laissai entraîner dans un torrent de passions, auquel je ne pus opposer aucun obstacle. Tendant toutes à ma ruine, leur effet me fut d'autant plus promptement nuisible, que j'avais éloigné de moi avec plus de soin, les occasions qui pouvaient me faire tomber sous leur pouvoir. Je regardai l'aveu des feux les plus sincères comme cachant le mensonge; aussi Vénus ne reçut-elle jamais mon hommage; mon encens ne brûla sur aucun de ses autels; et mon ame, pleine de ses honteuses jouissances, méprisa toutes celles qui, plus épurées, eussent pu y mettre un frein. Me moquant des liens les plus sacrés de l'Hyménée, même de ceux que serrait le plus pur amour, je n'eus ni ne voulus jamais avoir honte de ma conduite, encore moins de mes opinions. O prestiges trompeurs, dont la passion se sert pour entraîner l'homme plus profondément dans l'abîme! J'allai à Milet, ville si célèbre pour les plaisirs de la vie (6), et j'y arrivai dans l'espérance de trouver de fréquentes occasions pour satisfaire mes goûts. Pancharis se présente; d'un regard elle dissipe le voile derrière lequel se cachait mon erreur : la voir et l'aimer fut l'effet du moment, tant fut grande l'impression qu'elle fit sur moi ! Alors je connus tout le pouvoir du dieu d'amour, et l'effet qu'ont ses flèches sur ceux qui voudraient lui résister. Cette belle combla mes vœux : je me regardais comme heureux, et je le fus en effet, pendant que la bonne déesse me souriait si agréablement ; mais hélas ! cet amour, que je crus d'abord ne devoir durer qu'un moment, n'en prit que plus de force. Je brûlais tellement, que je ne pus opposer aucun obstacle à mes feux, tant la flamme en fut active, et tant elle l'est encore, maintenant que celle qui l'alluma est dans le sombre empire, seul lieu où je pourrai trouver la paix. O Philosophie, acquiesçant à ma prière, viens répandre sur mes maux un baume qui, seul, pourra calmer leur violence ! Ah ! ne mets aucun retard au secours que j'implore, et ainsi comble au plus vîte le vuide affreux qui est en moi. Plaisirs, richesses, gloire, titres frivoles qui repaissez les hommes, désormais je ne mets plus en vous aucun espoir : eh! quelles consolations pouvez-vous apporter à un amant qui, perdant sa maîtresse, perd tout avec elle ? Pancharis m'est ravie ; si les dogmes de Platon ne peuvent actuellement rien sur moi, ma fin sera proche (7).

---

(1) Quel était l'homme dans ces temps si reculés ? ce qu'il est encore aujourd'hui dans l'intérieur du Brésil, dans nombre d'isles de la mer du Sud et autres régions inconnues de la terre, où la cruauté naturelle de son caractère lui faisait un besoin de la chasse pour assouvir sa faim. Ne trouvant que de mauvais fruits et des racines amères dans les bois, ayant à se préserver des rigueurs de l'hiver et des attaques que les cruelles bêtes des forêts pouvaient lui faire, il fut forcé de diriger ses coups sur ces premiers ennemis. Dès lors il mangea la chair crue des animaux qu'il avait terrassés ; il se désaltéra aux

flots de sang qui jaillissaient de leurs entrailles palpitantes. La chasse fit bientôt naître les rivalités, les vengeances, et de celles-ci à la guerre l'espace fut bientôt franchi. Alors le sang humain ensanglanta la terre ; le vainqueur n'écouta plus la voix de la nature qui lui criait d'avoir en pitié son semblable ; et la rage animant sa haine, il assomma son captif, et lui donna son propre ventre pour tombeau. Ainsi se comportèrent les anciens peuples de l'Egypte, avant qu'Osiris, adoucissant leur féroce nature, leur apprît l'art d'ensemencer les terres, et de tirer un parti des racines qui croissent spontanément sur les bords du Nil. La philosophie apportée par ce premier législateur réveilla en eux les sentiments innés de commisération. A leurs mœurs farouches et cruelles succédèrent de douces affections, d'abord pour leurs proches parents, et bientot pour leurs voisins, qui insensiblement devinrent leurs amis. Que de siècles n'a-t-il pas fallu ailleurs pour que ces principes de douceur se communiquassent et se propageassent sous l'influence de ces sages qui réunirent les hordes errantes, leur donnèrent des lois, et leur développant la sublime idée du juste et de l'injuste, les portèrent à croire qu'il était des dieux rémunérateurs et vengeurs. «Ainsi, dit à ce sujet un auteur récent, semblable au sauvageon des forêts, dont les fruits ont été amers jusqu'à l'époque où l'invention merveilleuse de la greffe en modifiant la sève, lui en fit rapporter de meilleurs et de plus doux, l'homme dans son premier état n'a été qu'un individu agreste, insociable et féroce, jusqu'au moment où la civilisation, en développant son intelligence, y créa le sentiment de sa puissance, et lui procura les moyens de l'exercer pour augmenter ses jouissances et son bonheur. Quels prestiges n'a-t-il pas fallu employer, avant d'avoir pu les forcer aux nombreux sacrifices qu'exige l'état social, et faire rapporter à cette plante épineuse et sauvage ces beaux fruits qui naissent de la civilisation? Si, en parcourant cette nouvelle carrière, l'homme y a rencontré de nombreuses sources de malheurs et de désastres, et qu'à certaines époques il ait pu regretter la liberté et l'indépendance primitives dont il jouissait dans les forêts, ces malheurs et ces désastres sont inévitables, puisqu'ils ont leur cause dans les passions qu'il ne peut ni réprimer ni modifier.

(2) La plupart des auteurs anciens donnent l'épithète de divin à Platon, à raison de la sublime

éloquence qui découlait de ses lèvres ; il était le Chrysostome de son temps, à s'en rapporter à l'étymologie de ce dernier mot. Mais ce sévère réformateur des mœurs humaines, qui souvent venait se récréer sur la riante verdure qu'arrose l'hyppocrène, ne suivait pas tellement ses principes qu'il n'y dérogeât quelquefois, témoin, le morceau suivant qu'il composa, et que nous donnons, d'après la traduction de Symmaque, telle qu'elle se trouve dans Macrobe :

Dum semihulco savio
Meum puellulum savior
Dulcemque florem spiritûs
Duco ex aperto tramite ;
Anima œgra amore et saucia
Currit ad labias mihi
Rictumque in oris pervium,
Et labra pueri mollia
Rimata itiner transitûs
Ut transiliret nititur.
Tum si moræ quid plusculæ
Fuisset in cœtu osculi
Amoris igni percita
Transisset, et me linqueret,
En mira prorsus res fieret
Ut ad me fierem mortuus,
Ad puerum ut intus viverem.

(3) Le Lycée primitivement était un gymnase, une école située dans un des faubourgs d'Athènes, où la jeunesse se rassemblait pour s'exercer, et les philosophes pour disputer. Il s'en forma ensuite plusieurs autres dans différents endroits, où des maîtres enseignaient une doctrine qui variait selon leurs principes. Athènes se distingua des autres villes de la Grèce, non-seulement par ces sortes d'écoles, mais encore par son Académie et son Portique, où des philosophes jetaient les fondements de leur gloire ; par l'Aréopage, où l'on discutait les intérêts de la nation ; par les théâtres, où les chef-d'œuvres de ses poètes recevaient le sceau de l'immortalité ; par ses temples et autres édifices publics, où se déployait toute la magnificence d'un génie créateur ; par les statues du plus beau marbre de Paros qu'animait le ciseau de leurs plus habiles sculpteurs ; par les Athénées, où les plus belles filles, portant sur la tête des corbeilles pleines de fleurs, mêlaient leurs voix concordantes à l'harmonie des flûtes et des cithares qui résonnaient en l'honneur de la savante Pallas.

(4) Il y a dans l'original *ora*, que nous avons rendu par conseil ; car le sage Socrate, ce phi-

losophe par excellence, n'écrivit jamais rien, si l'on s'en rapporte à ce que dit Cicéron dans son livre *De Oratore.* On doit tout ce que nous avons de sa doctrine à Platon, son disciple, qui nous l'a transmise dans son dialogue de Phédon, et à Xénophon, qui l'a renfermée dans ses livres.

(5) Pythagore fut un des plus célèbres philosophes de l'antiquité. Il naquit à Samos, voyagea en Egypte et dans la Chaldée pour s'instruire, et vint enfin s'établir à Crotone où il donna des leçons de philosophie, à l'époque où Romulus régnait dans la chétive ville qu'il venait de bâtir en Italie. Ses disciples étaient cinq ans sans avoir la liberté de parler. La nature, leur disait-il, ne nous ayant donné que deux oreilles et une seule bouche, nous a fait entendre par là qu'il fallait beaucoup plus écouter que parler, ce dont il donnait l'exemple lui-même par son silence. Outre les connaissances de morale, Pythagore en avait de très-profondes en astronomie. C'est lui qui le premier observa que l'étoile du matin et celle du soir n'étaient que le même astre. Ce philosophe eut la récompense que doivent attendre des hommes ceux qui cherchent à les instruire. Les Crotoniates craignant qu'il n'usurpât la souve-

raineté de leur ville, cherchèrent à le brûler dans sa maison ; il se sauva des flammes, et s'étant retiré dans le bois des Muses à Métaponte, il était prêt d'y mourir de faim, lorsque ses concitoyens vinrent charitablement l'y massacrer.

(6) Si l'on en croit Athénée, les Milésiens furent autrefois un peuple guerrier. Ils ont vaincu, fait-il dire à Ephore, les Scythes, et bâti les villes brillantes qui se trouvaient sur l'Hellespont, ce qui attira beaucoup de monde à Milet. Mais les habitants de cette ville s'étant rendus esclaves des plaisirs et de la mollesse, s'abâtardirent, dit Aristote ; de là est venu le proverbe *olim viguère Milesii.*

(7) Ceux qui ont étudié les livres de ce philosophe, savent qu'il admettait un dieu suprême; qu'il regardait notre ame comme une émanation de cette intelligence sublime, et qu'ainsi elle était immortelle ; que quand elle cessait d'animer notre corps, elle remontait au ciel qu'elle n'avait quitté qu'un instant. Cette opinion, soutenue d'abord par le philosophe Procylide, de Milet, confirmée bientôt après par Pythagore, fut établie comme dogme dans le christianisme, malgré tout ce qu'ont fait les esprits forts qui en vain ont cherché à la détruire.

L'ULTIMATUM.

AINSI les consolations de la philosophie n'auront aucun pouvoir sur moi, et je n'ai rien à espérer des préceptes du sage Platon. Source pure dont les eaux vont former ce paisible ruisseau, où tant de fois ma belle trouva un rafraîchissement dans les plus grandes chaleur de l'été; frênes qui, agités par les plus doux zéphyrs, lui donnâtes si souvent une ombre favorable, pendant que Morphée l'égarait dans les plus douces illusions; vous qui, en me la rappelant, me rappelez à ma douleur, aimables enfants de la suave déesse qui orne nos parterres des richesses du printemps; ô fleurs dont j'enviais le sort, lorsque sur son sein vous jouissiez de tout votre éclat; rossignol, qui souvent pris part à nos plaisirs, et dont le gosier mélodieux ajoutait à notre ivresse ; vert gazon, autrefois lit de mon bonheur ; ô lieux qui me sont encore chers, et qui vîtes les charmes dont j'eus la pleine jouissance, voyez quelles sont les larmes que je verse actuellement que je suis opprimé sous le poids de ma peine, et retenez bien mes dernières paroles (1). Tout ce que vous m'offrirez d'attrayant sera désormais nul pour moi, celle qui pouvait lui donner son prix ayant terminé sa carrière. Comme en me la retraçant si souvent, vous m'êtes une cause continuelle de douleur, ne pouvant être heureux à moins que je ne la suive, je descendrai vers le sombre manoir, quelle que soit la route qu'il me faille tenir pour y arriver. O sort heureux, qui, me la ramenant, me l'offrira encore avec son premier feu ! Dieu de Paphos, toi qui fus si souvent témoin de notre ivresse, viens me sourire au moment où je me flatte de cet espoir. Accours au plutôt, et apporte-moi la douce assurance que mes vœux seront pleinement remplis.

Quels accents pourraient exprimer mes angoisses ! O Grèce, toute ta gloire s'est éclipsée ; il ne me reste d'elle qu'un peu de cendre, qui sera encore arrosé de mes larmes : et les dieux ne seraient point touchés de celles que je répands ! Ah ! quelle est cette voix agréable qui, par une modulation non étrangère à mon oreille, rappèle ainsi mes forces défaillantes ? Que m'annoncent les sons de cette lyre qui retentit si mollement près de moi ? Ils viènent de toi, ô chère amie ; ce sont autant de préludes qui me prouvent ton zèle. Dis-moi, me serais-tu rendue avec toute ta flamme ? O image qui fais mon plus grand bonheur ! reprends sur moi tous tes droits, et qu'ainsi je goûte encore, sous ton pouvoir, les charmes d'un nouvel esclavage. Tu me souris ; et m'ouvrant les bras, tu sembles compâtir à ma peine ! Dieux ! quelle aimable erreur fascine ainsi mes sens, sous l'apparence mensongère de la réalité ! Quoi ! tu fuis, cruelle, lorsque je viens à ta voix ! Hélas ! je m'adresse à son ombre qui m'annonce ce que je dois faire. Je te suivrai, ma digne épouse.... oui, qu'il me soit permis d'appeler ainsi, celle dans les bras de qui, naguères, je goûtais tout le charme que l'Hyménée peut offrir. Vous, confidentes de ses angoisses, sa consolation au moment où elle fut en prise avec la mort, dites-moi quelles furent ses dernières paroles? Répondez au plutôt à mes desirs, car vous savez qu'un amant malheureux trouve toujours un soulagement à son sort, quand il a l'assurance que sa belle partage ses affections. Ses lèvres mourantes, dit-on, balbutiaient mon nom ; et mêlant ses plaintes aux miennes, elle divulgua nos amours en invoquant encore l'assistance de Vénus. Ah! cessez de gémir sur elle ; car récemment jugée, elle doit actuellement jouir de la douce paix que lui procure la constance de son amour. Tournez plutôt sur moi vos inquiétudes, si des lois odieuses s'opposent à ce que j'aille vers elle. O vous qui, trop crédules aux opinions d'une secte de philosophes, blâmez hautement ceux qui se donnent la mort, connûtes-vous jamais ces feux dont on brûle sous une agréable chaîne? éprouvâtes-vous le pouvoir de ces traits que l'Amour dirigea sur vous? Ah! j'ai peine à le croire; ces traits évitent tout cœur imbu de mandragore, et nourri de fiel de hibou. Délicieux bocages, où se promène depuis peu ma maîtresse, je vous verrai, je le jure, quand même il faudrait me frayer un chemin vers vous par une mort violente : c'est alors que d'un pied léger nous parcourrons ensemble les riantes prairies qui vous environnent, et que nous unirons nos paroles à la mesure. Si, jouissant de ce bonheur, le sort est le même pour tous deux, l'Amour alors me liera encore à sa destinée (2). En effet, si sur terre elle brillait comme la messagère de la souveraine des cieux (3), lorsqu'assise au loin à l'horison, sur un nuage opposé au soleil, elle sourit, parée de son voile de différentes couleurs, ah! par quel charme ne m'attirera-t-elle pas dans ces riantes demeures qui ajoutent à la beauté de celles qui les habitent! Plaisirs qui adoucîtes les amertumes de ma vie, ruses, œillades, larcins, menaces, carésses, feinte colère, propos déplacés, morsures, soupirs prolongés, moisson de baisers, et autres combats d'amour, oui, tout à vous, je goûterai encore vos douceurs.

---

(1) L'auteur, en composant ce passage, était plein des idées du charmant morceau de Pétrarque, *chiare fresche dolci acque*, etc., dont Voltaire a donné la traduction suivante, qui est pleine de grace et de sentiment :

Claire fontaine, onde aimable, onde pure,
Où la beauté qui consume mon cœur,
Seule beauté qui soit dans la nature,
Des feux du jour évitait la chaleur;

Arbre heureux dont le feuillage
Agité par les Zéphyrs,
La couvrit de son ombrage,
Qui rappelez mes soupirs
En rappelant son image;
Ornement de ces bords et filles du matin,
Vous dont je suis jaloux, vous moins brillantes qu'elle,
Fleurs qu'elle embellissait quand vous touchiez son sein;
Rossignol dont la voix est moins douce et moins belle,
Air devenu plus pur, adorable séjour,
Immortalisé par ses charmes;
Lieux dangereux et chers, où de ses tendres armes
L'Amour a blessé tous mes sens,
Écoutez mes derniers accents,
Recevez mes dernières larmes.

(2) C'était une opinion reçue chez les Grecs, que les ames de ceux qui avaient mené une vie exempte de reproches, jouissaient de toute la plénitude du bonheur qu'ils pouvaient espérer après la mort. Que cette opinion dérivât ou non de l'horreur que l'homme a de l'annihilation de son être, elle n'en fut pas moins celle de Platon et d'un très-grand nombre de philosophes qui la communiquèrent à leurs disciples. Selon eux, les mêmes sensations qui nous avaient occupés agréablement sur la terre, se représentaient alors avec leur objet. Ainsi, reposant, sous

l'épaisseur des myrtes fleuris , sur des lits de mousse et de gazon dont la fraîcheur était entretenue par des eaux jaillissantes, réjouis par des fleurs d'or , dont les unes, au dire de Pindare, sortent de la terre, les autres pendent aux arbres, et les autres s'élèvent de la surface des eaux , ceux qu'un amour heureux nourrissait, savouraient la coupe de la volupté la plus pure ; ceux qui s'étaient plu à la lutte, dit Virgile dans son sixième livre de l'Enéide, où se trouvent les principes du plus pur platonisme,

Gramineis exercent membra palæstris ;
Contendunt ludo et fulva luctantur arena.
Pars pedibus plaudunt choreas et carmina dicunt.
Nec non Threicius longa cum veste sacerdos
Obloquitur numeris septem discrimina vocum ,
Jamque eadem digitis jam pectine pulsat eburno.

Et plus bas :

. . . . *Que gratia currûm*
Armorumque fuit vivis, quæ cura nitentes
Pascere equos, eadem sequitur tellure repostos.

d'où il suit que quand les passions brutales se sont enracinées dans l'ame, elles y demeurent pour toujours, même après que celle-ci s'est dégagée du corps. Les platonistes, pour confimer cette opinion, observent qu'un homme adonné à la débauche, ne fait à la longue qu'un vieillard impudique. Alors la passion régnant toujours dans l'esprit, quoiqu'elle soit éteinte dans le corps, le desir charnel, de même que toutes les autres habitudes, acquiert de nouvelles forces à mesure que les moyens d'y répondre manquent. Si l'ame, disent-ils, est plus sujette aux passions qui la tyrannisent lorsque le corps n'a presque aucune influence sur elles, on peut bien supposer qu'elles y dominent, lorsqu'elle est délivrée de ses liens. « *The very substance of the soul*, dit à ce sujet Adisson, *il festered with them, the gangrene is gone too far to be cured; the inflammation will rage to all eternity.* »

(3) Cette messagère est la belle Iris, qui remplissait près de Junon les mêmes fonctions que Mercure à l'égard de Jupiter. Au premier signal de la déesse, elle descendait du haut de l'olympe, parcourait d'une aîle légère l'espace qui nous en sépare, en laissant derrière elle une trace lumineuse qui peignait de mille couleurs brillantes le nuage qu'elle avait traversé. Souvent les dieux l'envoyaient pour annoncer aux mortels la fin d'une tempête qui les

menaçait des plus grands dangers. Sa maîtresse l'envoyait encore pour couper le fatal cheveu aux femmes agonisantes ; c'est ainsi que, commandée pour terminer la carrière de la malheureuse Didon,

. . . . . Mille trahens varios adverso sole colores
Devolat et supra caput adstitit : hunc ego Diti
Sacrum justa fero teque isto corpore solvo.
Sic ait et dextra crinem secat ; omnis et una
Dilapsus calor, atque in ventos vita recessit.

Quand Iris n'avait aucun service à remplir sur terre, elle vaquait aux nécessités du ménage dans le palais de Junon, veillait à l'ameublement de la toilette, purifiait et parfumait la déesse quand elle revenait des enfers ou des contrées terrestres, où elle venait se refaire du poids dont la surchargeait sa dignité céleste.

L'AVIS.

Ah ! qu'elle m'est onéreuse, cette existence isolée qui me reste, depuis que la source de mes plaisirs est tarie ! Qui aurait cru qu'un aussi noir chagrin pût succéder à l'absence de celle qui partagea mes plus douces affections? Je vis; mais c'est pour être à jamais privé d'elle ! Hélas ! cette pensée seule est pour moi le plus cruel tourment. Je suis devenu le jouet des songes qui me représentent continuellement ses premiers charmes ; et ainsi mon ame, qui toujours veille dans le sommeil, ne me prépare que de l'amertume à mon réveil. A peine l'affreuse perspective de mes maux m'en étale-t-elle toute l'horreur, que je succombe sous leur poids, malgré les efforts que je tente pour lui opposer quelque résistance. Non, il n'est plus pour moi de plaisirs ni de jeux, après la perte de celle près de qui je les trouvais tous. Dès que l'Aurore ramène le jour à la brillante nature, les chagrins viènent en foule troubler ma raison; je m'enfonce dans les cavernes et dans les bois les plus obscurs, pour y trouver ce repos qui nourrissait autrefois si voluptueusement mon cœur; mais pour moi le repos a disparu de ces lieux. En parcourant les campagnes, je fatigue les fontaines, les ruisseaux, les forêts et les prairies, de mes continuels gémissements; mais les fontaines, les ruisseaux, les forêts et les prairies ne diminuent en rien le poids de mes peines, ne m'offrant point celle qui, seule, peut les alléger. Je ne trouve plus sur ce gazon touffu ombragé d'un hêtre épais, les doux plaisirs que la gaîté animait: j'y soupire, le ramier y soupire aussi; et tous deux nous adoucissons nos chagrins par les accents d'une douleur mutuelle. J'erre partout et hors de moi-même, les cheveux en désordre sur mes épaules, comme si Erychto m'agitait..Les cavernes qui me paraîssaient autrefois revêtues du plus beau marbre de Laconie, ne s'offrent aujourd'hui à moi qu'hérissées du tuf le plus grossier. Je trouve bien dans la forêt, les arbres dont les branches nous firent un berceau et les feuilles un lit; les hêtres et les rochers m'offrent encore le nom de tous deux, écrit sur leurs écorces, mais je n'y trouve plus la nymphe qui ornait ces lieux. La chevelure des arbres ne s'offre plus à mes yeux fatigués, que sous l'aspect du plus triste feuillage. J'ai vu la pelouse que nous avons foulée, les bosquets que les roses de Pestum rendaient si agréables; je me suis agenouillé pour baiser encore le lit de nos plaisirs, et aussitôt l'herbe qui en était fanée, fut mouillée de mes larmes. Tout est dans le silence; et la nature, privée de l'objet qui l'animait, est couverte de la nuit la plus sombre. Mais naguères, comme je me laissais aller sur le gazon, près de la fontaine de Diane, lieu où un aulne donne son ombrage au laboureur fatigué, une Naïade, à verte chevelure, sortit inopinément de ses eaux; et m'adressant la parole, elle me dit : « Je loue ta douleur, Zoroas, et j'en partage le poids, instruite comme je l'ai récemment été sur les maux qui te sont arrivés, et sur ceux dont tu es encore menacé. Suspends le cours de tes larmes; celle qui les fait couler ne reviendra pas du lieu où le triste nautonnier l'a conduite, sur cette barque chargée des ombres qui passent au noir séjour (1). Mais comme tu ne trouves dans tout ce qui t'environne que des souvenirs propres à nourrir ta flamme, il faut aller chercher le plus prompt secours à Leucate (2). Là, un rocher sourcilleux s'élève sur une base remplie de broussailles; à son sommet est un temple consacré à Apollon, et dans ce temple se voit un autel sur lequel les amants malheureux vont brûler un dernier encens. Le monument se voit de loin, sur la mer que les anciens appelèrent Arctiaque ou Leucadienne. C'est là, que par un saut, tu mettras fin aux malheurs qui ont assez pesé sur toi. Dirige tes pas vers ce lieu; mais avant de remplir ton dessein, ne manque point de présenter ton offrande à la divinité qu'on y révère : telle est la loi imposée à tous ceux qui font un pareil pélerinage. Vas donc promptement vers l'autel où doit brûler ton dernier encens; et n'aye aucune crainte de te précipiter du haut du rocher.» A peine avait-elle prononcé ces derniers mots, qu'elle plongea sa tête dans l'eau, me laissant à connaître le plus prompt moyen de remédier à mes maux. «Je vous obéirai, ô nymphe propice, m'écriai-je aussitôt, et j'irai sur le précipice que vous m'indiquez, si toutefois la divinité du lieu ne se refuse point à l'exécution de mon dessein. Et toi, Apollon, je te consacre dès à présent tous les vers que m'a inspirés l'Amour; je dois ce qu'ils ont d'agréable à tes faveurs : qu'ils te soient la dernière preuve du dévouement d'un amant à qui tu accordas, pour ce travail, le génie et la matière !

---

(1) Ce passage a rapport à la doctrine reçue dans la mythologie des Grecs, à laquelle il faut toujours revenir pour bien entendre les anciens poètes ; savoir, que notre individualité était composée d'un corps qui, terrestre de sa nature, retournait en terre par la désordination de ses éléments ; d'une ame qui, dérivée du feu céleste dérobé par Prométhée, *divinæ particula auræ*, retournait à sa source ; et d'une troisième partie qu'on désignait sous le nom *d'idolon* ou *phantasma*, en latin *umbra*, *manes*, *simulachrum*. Celle-ci est ce quelque chose qui conservant tous les traits du corps sous une apparence aussi légère que l'air qu'on sent, mais qu'on ne peut toucher, descendait vers les lieux inférieurs, *inferna*. Ainsi Ulysse, dans Homère, vit l'ombre d'Hercule dans les Champs Élysées, pendant que l'ame de ce héros était dans les cieux ;

et Énée, dans Virgile, conversa avec celle de son père Anchise : ce sont ces ombres, au dire de Lucrèce,

. . . . Quæ rerum simulacra vocamus
Quæ quasi membranæ summo de corpore rerum
Dereptæ volitant ultro citroque per auras.

C'est également celles auxquelles on rendait autrefois hommage, dans la croyance où l'on était qu'elles conservaient leur caractère primitif. Ainsi le grand Alexandre sacrifiait aux mânes d'Achille, pour en recevoir un surcroît de valeur et de plus grandes notions dans l'art de la guerre ; les favoris des Muses visitaient la tombe des grands poètes, pour obtenir de leurs mânes quelques inspirations poétiques. Il n'était pas permis aux ombres de passer le Styx avant que leurs corps eussent reçu les honneurs de la sépulture, autrement elles erraient et voltigeaient cent ans sur le rivage, après lesquels elles étaient admises à passer vers l'autre bord. De là cette prière d'Archytas aux nautonniers dans l'ode d'Horace, *Te Maris et terræ*, etc. pour en obtenir la sépulture.

(2) Aujourd'hui l'isle Sainte-Maure dans la partie la plus méridionale de ce qu'on appèle

maintenant l'Albanie. Le rocher dont il est parlé dans le texte, avait, dit-on, comme les flots de la mer qui le minaient en dessous, la vertu de guérir du mal d'amour ; il faisait oublier l'objet chéri comme l'onde du Léthé. C'est sur lui que Jupiter allait s'asseoir, quand les charmes de la belle Junon le tourmentaient d'une manière trop continue. Ce fut là que Vénus déposa ses regrets sur la mort de son bel Adonis. Cependant sa vertu étant le plus souvent nulle sur les pauvres humains, ils étaient obligés de tenter la dernière épreuve qui consistait à se précipiter dans la mer, comme fit Sapho quand elle alla chercher le plus sûr remède à la passion que lui avait inspirée Phaon. On retrouve dans la confection de ce morceau beaucoup de choses tracées en caractères de feu dans la sublime ode de Sapho à Phaon, pièce que nous devons à Ovide, et à dire vrai, voulant imiter, l'auteur ne pouvait puiser à une source plus pure.

LE SOLILOQUE.

Oui, c'en est fait de moi; mon ame, battue par tant de tempêtes, succombe sous le poids de mon existence. Mes plaisirs se sont évanouis aussi promptement que disparaît la flèche lancée dans le vague de l'air. Privé en ce monde de ce qui pourrait contribuer à mon bonheur (1), je mène une vie isolée, ne trouvant que l'ennui dans tout ce qui s'offre pour me distraire de ma peine. La voix d'en haut s'est fait entendre : il me faut périr par moi-même, et au plutôt, si la mort, trouvant des excuses, fuit quand je l'appèle (2). Ah! jusqu'ici de vaines espérances m'ont assez nourri; et c'est avec raison que Pancharis blâme mon peu de courage. Que la violence (3) m'ouvre donc un chemin vers les plus sombres demeures, puisqu'il n'est pour moi aucun autre moyen d'y parvenir. Divin Platon, avec combien plus de plaisir je reviens actuellement à tes sages préceptes (4)! Ainsi, tout l'ensemble de notre être ne périrait pas, et il serait donné à l'homme qui a payé le tribut à la nature, de revenir encore à une nouvelle existence (5)! Quoi! les récompenses ou les peines que nous aurait valu notre conduite pendant la vie, pourraient atteindre l'homme de bien, comme le coupable après la mort? cette espérance ranime mes forces; elle assure ma tranquillité pour le temps où il ne restera de moi qu'une ombre légère. Ainsi la meilleure partie de moi-même, exempte de corruption en survivant aux autres, ira au loin dans les riantes plaines de l'Elysée, quand un juge équitable l'en aura trouvée digne. Ah! pourquoi, dans cette croyance, différerais-je encore de mettre un terme à ma triste existence? J'ai reçu la vie comme un don du ciel, et il ne peut y avoir aucune raison pour que je continue d'en jouir, quand elle m'est devenue à charge. Que les lâches citent les opinions contraires d'un grand nombre de philosophes, ils ne m'ébranleront point sur le parti que j'ai pris : eh ! comment leurs allégations pourraient - elles avoir quelque pouvoir sur moi, lorsqu'écoutant le sentiment que suggère la conviction, je choisis dans ma raison ce qui peut tourner à mon bonheur? En continuant de vivre, je suis balloté sur la terre, sans espoir que jamais personne me porte le moindre intérêt, et que mon existence puisse être utile à d'autres. Hélas ! je n'ai que trop été le jouet des évènements. Dans le dénuement de tout où je suis maintenant, pourrais-je espérer un sort meilleur que celui qui me reste ? Il n'est pour moi d'autre parti à prendre que dans une dernière tentative, puisque la fortune se refuse à me regarder d'un œil favorable. En changeant mon existence actuelle, qui m'est en horreur, j'acquiers du moins l'espoir que l'inexorable déesse pourra m'être propice. Me soustraire à l'inspiration qui m'en fut donnée, serait maintenant pour moi le plus grand des malheurs ; ce parti qui sourit au misérable, est le seul qui s'offre pour me soulager du fardeau qui m'opprime. Éloignez-vous, préjugés qui repaissez les ames basses, vous n'eutes que trop long-temps de l'empire sur moi ; votre pouvoir cesse actuellement que je suis prêt à descendre vers le Phlégéton, nourrissant dans mon cœur la même flamme qui fit mon bonheur. Comme il ne me reste plus que les soupirs dont la continuité m'accable, mettons-leur enfin un terme. J'ai vécu, et ma carrière n'a que trop été remplie de toutes les jouissances qui pouvaient me la rendre agréable ; aussi ne me reste-t-il rien dont je veuille conserver le souvenir. Heureux dans mon espoir, je soupire après le moment où, arrivé au sombre manoir, je me présenterai au jugement de Rhadamante (6). Adieu, tristes Élégies, éloignez-vous désormais de moi, car tout pacte que j'avais ci-devant contracté avec vous doit cesser dès ce moment. Ainsi mouillées de mes larmes, il vous convient de rester tristement à l'écart. Évitez ces maisons où règnent les jeux, les chants, les danses, et celles où la douleur ne trouve aucune consolation. Si vous croyez jouir d'un meilleur sort à la ville, que la maison où couleront les larmes soit celle que vous choisissiez. Allez douce récréation, et tant de fois soulagement à mes peines, allez plutôt vers le tombeau de Pancharis; et là, charmant par le gémissant murmure de vos accents, adressez-lui mes dernières paroles, que son ombre, encore errante, écoutera avec plaisir.

---

(1) Le bonheur, hélas! « Quand, dit Pindare, on peut trouver dans son cœur l'amour de la vérité, on a reçu des dieux tout celui qu'on peut goûter; il faut alors s'abandonner à

l'invisible main qui dispose de nos destinées. Nous sommes emportés par mille vents contraires dont nous ne sommes pas les maîtres ; et ainsi le bonheur pour nous ne saurait être de longue durée. » La philosophie l'offre par-tout dans les circonstances même les plus fâcheuses où l'homme peut se trouver. Combien sont sages sur ce point les idées d'un sauvage de ces contrées qu'arrose le lac Ontario, qui, consolant une veuve sur la perte de son mari, lui dit : « La vie est comme un passage de Toronto à Niagara. Que de difficultés n'éprouvons-nous pas pour doubler les caps, pour sortir des baies dans lesquelles les vents nous forcent d'entrer ? Que de chances contre d'aussi frêles canots que les nôtres ! Ainsi il faut prendre le temps et les choses comme ils viènent, puisque nous ne pouvons pas les choisir. Il faut nourrir sa femme et ses enfants, respecter sa tribu et sa nation ; jouir du bien quand il nous écheoit ; supporter le mal avec courage et patience ; chasser et pêcher quand on a faim ; se reposer et fumer quand on est las ; s'attendre à rencontrer le malheur puisqu'on est né ; se réjouir quand il ne vient pas ; se considérer comme des oiseaux perchés, pour la nuit, sur les branches d'un arbre, et qui, au point du jour, s'envoleront et disparaîtront pour toujours. »

(2) Nous sommes loin de donner notre assentiment à cette résolution du héros, encore moins d'approuver les raisons sur lesquelles il la fonde. La vie est un prêt qui ne nous a été fait qu'à des conditions à remplir ; du moment qu'on peut les acquitter envers la société, il y a de la bassesse et de la mauvaise foi à fuir pour ne point répondre à l'engagement. S'il est glorieux au soldat de courir des chances sur le champ de bataille pour le bonheur commun, il est du devoir de celui que l'ordre social appèle ailleurs, de rester à son poste et de fournir sa tâche jusqu'à ce que, par les lois de la nature, il fasse place à un autre. Jamais les sauvages des contrées les plus reculées d'Amérique n'ont porté sur eux le tomé-hawk de la destruction; encore moins les lions et les tigres qui rugissent au milieu des sables brûlants de l'Afrique, ont-ils pensé à s'effacer du rang de leurs semblables par aucun de ces moyens forcés que l'espèce humaine a imaginés ?

(3) Le suicide, chez les anciens, n'était point regardé comme un crime, d'après les opinions

religieuses reçues ; ils croyaient même qu'il était d'une ame non vulgaire de se donner la mort, dans les plus grandes disgraces. Ainsi Virgile, en parlant des personnes qui peuplaient les premières demeures des enfers, dit par l'organe de Voltaire :

Là sont ces insensés qui, d'un bras téméraire,
Ont cherché dans la mort un secours volontaire ;
Qui n'ont pu supporter, faibles et furieux,
Le fardeau de la vie imposé par les dieux.
Hélas! ils voudraient tous se rendre à la lumière,
Recommencer cent fois leur pénible carrière :
Ils regrètent la vie ; ils pleurent, et le sort,
Le sort, pour les punir, les retient dans la mort.
L'abyme du Cocyte, et l'Achéron terrible,
Met entre eux et la vie un obstacle invincible.

(4) Il n'est guères de poètes qui, dans la fleur de l'âge, écrivant didactiquement sur les matières d'amour, n'ayent embrassé le systême d'Épicure, qui non seulement favorise les élans de la passion, mais encore offre les plus riantes images, quand on est necessité de recourir au genre descriptif. Virgile, pour prendre nos citations de personnages connus, avait profondément médité cette doctrine, dont il avait puisé les principes à l'école de Syron, l'un des plus

savants hommes de son temps; témoin sa sixième éclogue qu'il adressa à Varus, dans laquelle Silène instruit deux bergers, et leur chante l'origine et la formation de l'univers, né du concours fortuit des atômes. Il y revient encore dans ses Géorgiques, où il dit par l'organe de son savant traducteur :

Heureux le sage instruit des lois de la nature,
Qui du vaste univers embrasse la structure!
Qui dompte et foule aux pieds d'importunes erreurs,
Le sort inexorable et les fausses terreurs;
Qui regarde en pitié les fables du Ténare,
Et s'endort au vain bruit de l'Achéron avare.

L'âge avec l'expérience amènent communément d'autres pensées, sur-tout lorsqu'on approche du fatal moment où l'homme qui réfléchit, ne voit pas avec l'œil de l'indifférence les frêles ressorts de sa machine prêts à se désourdir : de là les rétractations faites d'après la maturité de l'opinion. Aussi le poète que nous venons de citer, changea-t-il de sentiment lorsqu'il eut acquis une plus grande solidité dans le jugement; et arrêtant ses regards sur les dogmes de Platon et de Pythagore, qui lui offraient une morale plus pure et un avenir plus satisfaisant, il les adopte dans son sixième livre de l'Énéïde où Anchise explique à son fils les principes de la plus sublime philosophie et tout ce qui a rapport au consolant platonisme. D'après cette observation, on ne doit point s'étonner que le héros du poème, au moment où il est prêt de sortir de la vie, reviène de toutes ses opinions premières, pour invoquer ici le chef de la secte dont la croyance lui offre encore l'espoir d'un heureux avenir.

(5) Quoique l'on trouve chez plusieurs poètes anciens des passages qui indiquent les doutes où ils étaient sur l'immortalité de l'ame; qu'on lise dans l'Ecclésiaste « qui sait si l'ame après la mort passe aux lieux hauts?» que Lucien entr'autres se soit efforcé de prouver que l'ame périssait avec le corps, les dogmes religieux n'étaient rien moins que fondés sur une telle doctrine qui jamais ne fut générale. Quelques poètes même embrassèrent l'opinion contraire; témoin Homère quand il dit que l'ame de Patrocle était descendue dans l'*Adè*, pleurant sa destinée en ce qu'elle abandonnait un corps dans la vigueur de l'âge; témoin aussi Properce lorsqu'il dit:

Sunt aliquid manes, lethum non omnia finit;
Luridaque evictos effugit umbra rogos.

Adisson, en touchant cette matière, s'exprime d'une manière bien philosophique quand il dit : « *How can we find that wisdom which shines, through all his works in the formation of man, without looking on this world as only a nursery for the next, and believing that the several generations of rational creatures, which rise up and disappear in such quick succession, are only to receive their first rudiments of existence here and afterwards to be transplanted into a more friendly climate, where they may spread and flourish to all eternity?* »

(6) Cette opinion d'un jugement dernier, si l'on en croit Diodore, est due aux Egyptiens qui, avant d'accorder les funérailles à un défunt, faisaient juger sa conduite précédente à un tribunal compétent. De là elle passa aux Grecs, et bientôt après aux Chrétiens qui en firent la base de leur religion. Selon la croyance des premiers, Rhadamante et Éaque, tous deux fils de Jupiter, furent établis juges, l'un pour les Asiatiques et l'autre pour les Européens ; Minos, au-dessus d'eux, décidait souverainement dans les cas obscurs ou incertains. Leur tribunal était placé dans un endroit appelé le Champ de la

Vérité, parce que le mensonge et la calomnie n'en pouvaient approcher. Ce champ aboutissait d'un côté au Tartare et de l'autre aux Champs-Élysées ; c'est-là que les rois, les princes et tout potentat, dépouillés des vains ornements de leur grandeur et mêlés avec les indigents, venaient rendre compte, les uns des maux qu'ils ont faits et les autres des crimes qu'ils auraient pu commettre pour améliorer leur sort. S'ils étaient trouvés coupables de forfaits d'un genre à pouvoir être expiés, ils étaient relégués dans le Tartare pour un temps seulement, et avec assurance d'en pouvoir sortir quand ils auraient été suffisamment purifiés. Si rien ne pouvait leur être reproché, ils passaient aussitôt aux Champs-Élysées, lieux de délices ; si c'était le contraire, ils étaient précipités dans de noires ténèbres, où étaient des lacs d'eau bourbeuse et infecte, un fleuve de feu, des tours de fer et d'airain, des fournaises ardentes, des monstres et des furies acharnées à tourmenter les scélérats.

LA CLÔTURE.

O MONTAGNE de Leucate (1), si fréquentée par les amants de tout sexe! toi qui, daignant m'ouvrir la route par où je pourrai aller voir ma maîtresse, deviens le seul moyen de consolation qui me reste; frappé par le coup le plus cruel de la fortune, et ne pouvant espérer un meilleur sort, me voici d'autant plus prêt à terminer ma carrière de misère, que par mon retard, la peine est la seule perspective que j'envisage. Divinité sacrée de ce lieu respectable, toi qui offres les plus belles espérances aux ames courageuses; à qui tout amant malheureux brûle l'encens le plus pur, avant de se précipiter dans les ondes salées: ô Apollon, si tu es touché de mon sort, reçois les prières que je t'adresse. Rocher escarpé que la mer, par ses coups redoublés, mine en dessous, et entraîne dans l'abyme, favorise-moi: et toi, Zéphyr, qui t'apprêtes a porter au loin mes dernières paroles; Nymphes, Tritons, et autres divinités de la mer, qui avez tant de fois tendu une main secourable aux personnes infortunées près d'être submergées, venez à moi pour seconder mes desirs, dans ce dernier effort que je tente en ce fatal moment. Je ne demande point assistance pour revenir à la vie, voulant trouver ma fin dans les flots amers. Comme mon existence m'est odieuse depuis que j'ai été déçu dans mes espérances, ouvrez-moi un passage vers les enfers; je cherche Pancharis. Ah! pourquoi, trouvant des obstacles à l'exécution de mes vœux, mes plaintifs accents ne feraient-ils point impression sur vous? Venez à moi, Néréïdes, qui éprouvâtes le pouvoir du dieu d'amour, vous dont les cœurs sont encore échauffés de ses feux, et qui pleurerez mes tristes destinées quand elles vous seront connues. Et toi, Vénus, qui semas quelques roses (2) sur la route de ma vie, lorsque j'étais sous ton aimable joug, et dont je conserve encore un tendre souvenir, quoique j'aye cessé de te porter hommage, daigne écouter les derniers vœux que je fais. Je vais terminer ma vie; oui, que je meure avec l'espoir d'arriver par toi au port où je dois trouver le bonheur! Rocher sourcilleux, qui te ris des vains efforts qu'opère sur toi la sourde lime du temps : monument d'un dieu puissant, toi par qui sont connus ceux qui périrent ici dans l'excès de leurs feux, tu recevras aussi mon nom, pour que la postérité ne puisse ignorer ma triste fin. Tu diras donc à ceux qui viènent ici, succombant sous la dureté de leur sort, qu'il s'y présenta un amant malheureux, lequel pleurant sa maîtresse, et ne pouvant vivre sans elle, s'est précipité de dessus cette cime. Me voici, ô flots; recevez-moi, et qu'au milieu de vous, je puisse me frayer un chemin vers le paisible Styx.

---

(1) On faisait de sang-froid le voyage de Leucade, pour chercher un remède assuré aux cuisants maux d'amour. On s'y rendait même des pays les plus éloignés; et l'on se disposait au saut périlleux par des sacrifices et des offrandes. On s'engageait à ce pélerinage par un acte de religion qu'on n'aurait osé enfreindre, dans la persuasion où l'on était qu'avec l'aide du dieu dont on implorait la protection avant de faire le saut, si l'on en revenait, on recouvrait, en cessant d'aimer, la tranquillité d'ame qu'on avait perdue. La montagne ou promontoire d'où les infortunés amants se précipitaient, est très-escarpée; la roche est une pierre calcaire blanche, *leucos*, couleur d'où lui vient son nom. Sur son sommet était le temple d'Apollon, desservi pas des prêtres qui recevaient les dernières offrandes qu'on venait faire à la divinité qui favorisait le succès. L'histoire dit que Sapho, qui fit le voyage pour oublier son infidèle Phaon, fut la victime de sa

confiance au remède; elle guérit de son amour, mais ce fut en perdant la vie. On cite aussi le poète Charinus qui ne fut pas plus heureux dans son essai. Celui-ci, célèbre dans l'iambe, vivait à la cour d'Antiochus Eupator, roi de Syrie; épris pour Eros l'échanson de ce prince, et ne pouvant surmonter les obstacles qu'il trouvait à sa jouissance, il passa dans l'isle, attiré par les merveilles qui s'en répandaient au loin. Le saut lui fut funeste; il se rompit la cuisse et mourut quelques heures après. La colère d'avoir été la dupe de sa crédulité, lui inspira quatre iambes dont voici le sens: « Fusses-tu anéanti, funeste rocher. Hélas! Charinus, ce poète si cher à la muse de l'iambe, s'est laissé éblouir par les vaines espérances dont tu l'as flatté. Puisse Eupator brûler pour Eros de feux aussi violents que ceux dont je suis aujourd'hui la victime ». La fameuse Artémise, reine de Carie, qui se signala contre les Grecs dans les combats donnés près l'Eubée, trouva également la fin de sa vie dans l'essai, et son tombeau dans l'isle. Un fait qui mérite d'avoir place ici, est celui relatif à l'usage où étaient les Leucadiens de précipiter, le jour d'une fête annuelle en l'honneur d'Apollon, un criminel condamné à la mort. Cette cérémonie avait pour but de détourner d'eux tout fléau dont ils auraient pu être menacés. Si la cérémonie était cruelle, on cherchait les moyens de l'adoucir, en attachant aux habits de ceux qu'on précipitait, des aîles de grands oiseaux, et même des oiseaux vivants qui soutenaient les malheureux en l'air, et rendaient leur chûte moins rude et moins rapide. On les repêchait dès qu'ils étaient tombés dans la mer, et s'ils vivaient on se contentait de les bannir pour toujours.

(2) Comme nous n'aurons plus occasion de parler de la rose si célèbre chez les anciens poètes, nous croyons devoir lui rendre notre dernier hommage. La beauté de sa couleur, l'étoffe de son feuillage et la suavité de son odeur, portèrent ceux qui les premiers chantèrent Vénus et son aimable cortège, à en faire l'ornement favori de cette déesse. La jeunesse allait-elle porter son offrande à Cythère, elle y arrivait la tête couronnée de roses, ayant aux mains une guirlande des mêmes fleurs dont elle entourait l'autel. Les dieux déridaient-ils leur front en savourant les coupes de nectar, les amours se balançant sur leurs aîles d'azur, leur jetaient les roses humides qu'ils venaient de cueillir dans les bosquets d'Idalie. Une jeune fille, à l'époque de la

puberté, offrait-elle sur son visage le coloris de la bonne santé, c'étaient les roses qui, au milieu des lis, s'entr'ouvraient sous l'haleine des Zéphyrs. Revenait-elle de l'autel de l'Hyménée, c'était pour se coucher à une table où les roses effeuillées exhalaient leur odeur. L'âge venait-il ternir l'éclat de ses joues, c'était une rose que chaque jour le temps lui ravissait. La Parque coupait-elle le fil de sa vie avant qu'elle ne connût les douceurs du mariage, un chœur de jeunes vierges et de jeunes garçons la suivait au bûcher en lui jetant des roses fanées, pour indiquer que sa vie avait eu la briéveté de la fleur dont on lui faisait un dernier présent. Les chevaux du Soleil n'auraient jamais pu trouver leur route à travers l'immensité des cieux, si l'épouse de Tithon, en leur ouvrant les portes de l'Orient, ne la leur eut indiquée par les roses qu'elle jetait devant eux à pleines mains. Enfin quand tout prospérait sous les étendards de l'Amour, c'était Dioné, c'étaient les Graces ses compagnes qui semaient de roses la route où l'amant volait à la victoire. D'après toutes ces considérations, et nombre d'autres que nous passons sous silence, quoi d'étonnant qu'Anacréon l'ait illustrée dans ses chants? Comme ce qu'il en a dit est un chef-d'œuvre de grace et de délicatesse, nous croyons bien faire de soumettre à notre lecteur son éloge, d'après la touche délicate de Sivry.

Célébrons l'honneur des champs;
Rose, c'est toi qui m'inspire;
Rose, fille du Printemps,
Je te consacre ma lyre.

Tu présides aux beaux jours;
Tes trésors parent les Graces;
Tes parfums suivent les traces
De la mère des Amours.

Des Nymphes de nos fontaines
La Rose fait les plaisirs;
La Rose embaume nos plaines
Et l'haleine des Zéphyrs.

Les filles de Mnémosyne
Ont pris soin de l'embellir;
On se plaît à la cueillir
Sans songer à son épine.

On respire un air charmant
Quand sa feuille se déchire,
Et le son que l'on en tire
Est l'oracle d'un amant.

La Rose fait les délices
Des banquets chers à Bacchus :
On l'employe aux sacrifices
De l'Hymen et de Vénus.

Souvent sa beauté l'expose
A l'injure du larcin :
Aurore a les doigts de rose
Et Vénus en a le teint.

Si la rapide vieillesse
Fane aisément son éclat,
Encore après sa jeunesse
Elle charme l'odorat.

Mais chantons son origine :
Non loin des temps du chaos
On vit paraître Cyprine
Sur le vaste sein des flots.

Alors, ô roi du tonnerre!
La Rose, trésor nouveau,
Sortit du sein de la terre,
Et Pallas de ton cerveau.

Du milieu de ses épines,
La Rose, reine des champs,
S'éleva sur les ruines
Des autres fleurs du Printemps.

Pour elles les dieux osèrent
Préférer la terre aux cieux,
Et les Graces l'arrosèrent
D'un nectar délicieux.

ÉPILOGUE.

TELS étaient les vers que me dictait, sur le vaste océan, une Muse légère, qui voulait les cacher au commun des hommes. Je rappelais à l'examen le plus sévère, ceux dont la mesure était douteuse, lorsque le fils de Latone, ayant sa blonde chevelure éparse sur ses épaules, se présenta tout-à-coup à moi, sous l'apparence d'un jeune élève de l'Hélicon. Je ne pus d'abord découvrir en lui rien qui m'indiquât la présence du dieu qui habite ce mont; mais bientôt me souriant de l'air le plus agréable, il m'adressa les paroles suivantes, qui fixèrent toute mon attention: « Ah! malheureux! brise tes tablettes, ou retravaille un poëme qui, autrement, te sera une cause de bien grands chagrins. Tu ignores sans doute les hasards que tu vas courir, en te frayant ainsi une route vers le haut du Pinde: tu t'égareras dans les détours qui y conduisent, et ta marche étant incertaine, tu risqueras de tomber dans les précipices. Crois-moi, ne t'expose pas à de nouveaux dangers, ou plutôt retourne sur tes pas; car tes compagnons s'apprêtent à te porter de furieux coups. Je t'accorde encore que, par tes chants, tu te rendes digne d'une couronne que tu ne devras qu'à ton mérite, tu n'en seras que plus en proie à l'affreuse misère (1): tel est le sort qui

(1) Calpurnius, dont la triste vie fut toujours en butte à l'adversité, fait dire à Mœlibée, dans la quatrième éclogue de ses Bucoliques :

Frange puer calamos et inanes desere musas,
Et potius glandes rubicundaque collige corna.

t'attend. Ils ont vécu les Mécènes dont tu pouvais attendre les largesses : ainsi ne pense pas que, voulant apprécier ton travail, il s'en présente d'autres pour le récompenser.» A peine finissait-il ce langage, que, tout brillant de l'éclat que lui

---

Duc ad mulctra greges, et lac venale per urbem
Non tacitus porta; quid enim tibi fistula reddet,
Quo tutere famem? Certe mea carmina nemo
Prœter ab his scopulis ventosa remurmurat echo.

Il n'est plus ce temps de l'ancienne Grèce, où le poète qui avait dignement chanté les brillants faits d'armes des héros, montait sur leurs chars pompeux, et partageait avec eux les honneurs du laurier qui ceignait leurs fronts; où l'athlète victorieux se montrait généreux envers les favoris du Pinde qu'il choisissait pour publier sa gloire. Autres temps, autres mœurs; aujourd'hui, oublié de ceux qui nagent voluptueusement dans leur opulence, il se dessèche

donnait une robe couleur de saffran, il s'entoura d'un nuage de pourpre et disparut, ne m'annonçant son origine que par la vive lumière dont il éclata. M'en

---

en attendant le triste cercueil que la charité publique veut bien lui accorder. Ce temps actuel rappèle celui où se trouvait Turnèbe, après la mort de François I, époque où les littérateurs furent misérables jusqu'à Charles IX, qui fit refleurir les lettres par ses bienfaits. Ce célèbre professeur du Collège de France, dans une pièce qu'il adresse au vertueux Olivier, chancelier avant Michel de l'Hôpital, continue ainsi qu'il suit : » Ah ! si je pouvais recommencer ma carrière et revenir à mon berceau, en vain Virgile, de sa voix plus harmonieuse que celle des Syrènes, me chanterait :

Me vero primum dulces ante omnia Musœ
Accipiant, cœlique vias ac sidera monstrent.

Jamais ses sons ravissants ne pourraient me porter

tenant à l'avis de ce dieu, je m'apprêtais à livrer aux flammes mon écrit, lorsque vint aussitôt l'Amour. « Est-ce ainsi me cria-t-il d'un ton aigu, que serait réduit en cendre un ouvrage où sont publiées aux amants les lois que je dicte à Cythère, et

---

à contracter avec ces ingrates déités qui, après m'avoir fatigué nuit et jour, finissent par m'exposer aux horreurs de la faim, en me renvoyant nu comme un malheureux échappé du plus affreux naufrage. « Que retirez-vous, dit à ce sujet Pierre Sancius, dans son épitre à Ignace Moraës, de vos sensibles élégies, de vos épigrammes ingénieuses, de vos nombres comparables à ceux d'Archiloque, sans rien avoir de leur âpreté mordante ?

Num tibi quis misit terso pro carmine libram
Argenti ? Num vina dedit, num munus aristæ ?

Jadis Alexandre récompensa de plusieurs phique le feu réduirait à rien le code de mon puissant empire? Non, certes, je ne souffrirai point de toi un tel forfait. Ainsi ayant imprimé sur lui le sceau de mon empire, je lui donnerai un asyle dans Amathonte, pour que tout voyageur

---

lippiques d'or de bien misérables vers que lui présentait Chérile ; et vous qu'inspire le dieu de l'harmonie :

Sæpe fame obscenâ palles et frigore sæpe
Horres, cum Boreas gelida bacchatur ab Arcto.

Pourquoi donc nos intrépides guerriers qui, pour cueillir des palmes au risque de leur vie, se précipitent au milieu des combats sans que nul obstacle puisse rompre leurs épais bataillons, n'ont-ils plus d'égards pour les enfants d'Apollon, qui seuls peuvent consacrer les noms des héros au temple de Mémoire? Il y eut peut-être mille capitaines plus braves qu'Achille ; mais

qui abordera l'isle, puisse en prendre connaissance, et qu'en le parcourant, il apprène de lui l'étendue de ma puissance, et la soumission qu'il doit avoir aux ordres que je pourrais lui donner. » Il parlait encore, qu'il s'élança sur moi pour se saisir de l'objet de ses desirs, et bientôt il mit son larcin à couvert, en disparaissant dans les airs. Je n'ai pu me défendre de ce ravisseur; car sans armes, comme je

---

Homère immortalisa celui-ci, et les autres, privés du tribut des vers sont plongés pour toujours dans l'oubli:

Vixere fortes ante Agamemnona
Multi, sed omnes illacrymabiles
Urgentur, ignotique longa
Nocte; carent quia vate sacro;
Paulum sepultæ distat inertiæ
Celata virtus.

HOR. *L. IV. Od. 9.*

l'étais, à quoi aurait servi la résistance contre un dieu qui trouvait sa force dans ses ailes? J'indique donc à tous le coupable, pour qu'on ne m'inculpe point, si par la suite, ma lucubration incorrecte comme elle m'a été prise, se publiait sans qu'on m'en eût donné avis.

FIN.

EXTRAIT

De l'Ouvrage du Docteur PETIT-RADEL, *intitulé :* DE AMORIBUS PANCHARITIS et ZOROÆ, etc., *lu le* 19 *Ventose an X, à la Société libre des Sciences, Belles-Lettres et Arts, séante au Louvre.*

LA Discorde, aux yeux hagards, à la bouche écumante, planait sur toute la France, laissant à découvert, dans son sein livide, le poignard dont elle s'apprêtait à percer le cœur de tous ceux qui lui auraient refusé un asyle. Déjà de vaillants généraux conduisaient leurs ardentes phalanges vers les confins d'un empire qui cherchait à reprendre une vigueur première, à la faveur des lois nouvelles que leurs armes soutenaient au dedans comme au dehors. Fatiguées de ces secousses répétées, qui dérivent du choc des opinions anciennes, avec celles que suscite l'intérêt de la nouveauté, les Muses fuyaient vers les sages contrées qui se maintenaient dans les douceurs de la paix, pour y trouver une tranquillité nécessaire à leurs travaux. Ce fut dans ces circonstances si alarmantes que l'auteur de l'ouvrage que nous allons analyser, le docteur PETIT-RADEL, si avantageusement connu par de nombreux ouvrages en médecine, porta dans l'hémisphère austral les connaissances infiniment appréciables de son état. L'isle de la Réunion fut le lieu qu'il choisit pour son domicile. Là, éloigné de cette mer orageuse que soulevait en nos climats la variété des opinions qui, chaque jour, s'entre-choquaient le plus violemment, le docteur vaquait aux devoirs que lui imposait sa profession, et occupait ses loisirs à tracer à la studieuse jeunesse la route qu'elle devait tenir pour arriver au sanctuaire où la déesse Hygie dicte ses oracles. On dit communément que le génie de la poésie préside à la naissance de ceux qui doivent se désaltérer à la fontaine d'Hippocrène ; si cela est, il faut avouer que la verve qui lui fut alors inspirée, resta longtemps à contrebalancer sinon surmonter l'influence du dieu de la médecine. C'est ce dont semble se plaindre l'auteur, quand dans le charmant morceau intitulé *Vigiliæ*, il dit :

Ah! satis obticuit torpenti vena quiete
Obruta segnitie, carpit Apollo reum.
Me per iniqua recens Parnassi culmina duxit,
Castaliisque pium me madefecit aquis.

Erato fut la muse qui répandit le plus ses largesses sur notre auteur. Eh! comment aurait-il été insensible à ses charmes, dans un climat où elle souriait aussi agréablement à Parny, le fidèle interprête de ses pensées? Le hasard, qui est le père de tant d'évènements, fit tomber entre les mains du docteur ce code de Cythère, qu'il ne connaissait pas, dans un moment où son ame oisive attendait un travail qui pût l'occuper agréablement. A peine en avait-il commencé la lecture, que le génie des vers se réveille en lui de son long assoupissement. La langue latine, si familière à l'auteur, vint s'offrir avec tout son luxe, pour obtenir sur tout autre moyen d'expression, une préférence d'autant plus méritée, qu'elle lui avait accordé la première ses plus grandes faveurs. La muse d'Ovide, étonnée de ses premiers succès sur une lyre qui était restée muette depuis si long-temps, vint à lui pour l'encourager à suivre une route qui le mènerait au mont sacré. C'est alors que, parcourant les diverses zones du globe où le conduisait son étoile, le docteur employait ses loisirs à former divers morceaux de son ouvrage, incertain encore du plan sous lequel il pourrait en donner connaissance. Son retour en France l'ayant mis à même de terminer et publier plusieurs ouvrages sur son art, il a repris ses morceaux, les a cousus par des pièces de rapports, et les a disposés de manière à en faire une histoire autant suivie que pouvait le comporter le genre de poésie qu'il avait adopté. C'est ce travail qui fait la base de la première édition que donna l'auteur, il y a environ trois ans. La circonstance pour la publication d'un pareil ouvrage n'était pas fort favorable. Les Muses latines, effrayées des coups que leur avait portés le vandalisme, étaient loin de prendre une pleine confiance aux prières que leur adressaient quelques partisans de leurs faveurs. Néanmoins, à l'étonnement de ceux qui soupiraient après leur retour, l'édition n'en fut pas moins épuisée en peu de temps. L'auteur, peu satisfait de ses premières idées, revint alors sur son travail, retoucha plusieurs morceaux, en refondit d'autres, et en ajouta de nouveaux qui, avec une préface très-étendue et une narration de tous les faits qui lui sont particuliers, sont un ouvrage auquel on peut accorder le mérite de la nouveauté. C'est celui dont nous allons nous occupper dans les considérations suivantes, et pour mieux en mettre les matériaux en évidence, nous commencerons à dire quelque chose des personnages qui jouent le plus grand rôle dans cette histoire. Le lieu de la scène est à Milet que l'urbanité et la gaîté de ses habitants rendaient recommandable aux épicuriens de profession. Le héros, Zoroas, muni des connaissances qu'il avait puisées dans les écoles de la célèbre Athènes, y aborde à l'époque où se célébraient les fêtes de Cérès. Il voit la belle Pancharis au moment où elle allait faire son offrande à la déesse; il la voit et aussitôt il brûle pour elle du plus violent amour. Il s'en ouvre à Ménippe son confident, se décidant à invoquer la reine de Cythère, pour qu'elle favorise sa flamme. La réputation de notre jeune philosophe se répand dans la ville ; bientôt il est appelé par la mère de sa belle qui l'engage à orner le coeur d'une fille qu'elle chérit, des plus sublimes principes des sciences qu'il possède. L'amant, comme on s'y attend, acquiesce à ses desirs ; il est même admis à tous les avantages de la commensalité. Insensiblement il développe ses sentiments ; il trouve beaucoup d'obstacles ; il emploie tous les moyens que lui fournit son éloquence pour les vaincre. Il touche savamment la corde si facile à vibrer chez le sexe : qu'il faut profiter de la jeunesse avant que l'âge ne viène semer ses frimas sur nos ans ; et de là la comparaison reçue en tout pays, de la rose avec la vie qui n'est guère de plus longue durée que cette fleur, quand on la considère d'un œil philosophique.

Les raisons ont beau être pressantes, la belle n'en est pas moins cruelle. Dans ces promenades solitaires, la nuit surtout, où privé de toute distraction, un cœur blessé est tout à l'objet de sa passion, le héros en fait part aux bois et aux échos d'alentour, pour en obtenir quelque consolation ; mais les bois, les échos ne sauraient lui adoucir les peines d'amour.

> . . . . . *Est mollis flamma medullas*
> *Interea et tacitum vivit sub pectore vulnus.*

Peu favorisé dans ses premières tentatives, il invoque Sélénon, cette source si renommée pour guérir les maux du cœur. « Oui, dit-il, j'irai vers tes ondes plaintives; je me désaltérerai sur tes bords, pour revenir sain et sauf de ma blessure. O Sélénon ! accorde-moi tes plus grandes faveurs, pour que je recouvre une liberté dont je sens aujourd'hui tout le prix. Si tu refuses d'écouter ma prière, je descendrai vers le Styx, chargé du poids de mes peines. » La fontaine est aussi inefficace à cet égard que sont sur sa belle les douces insinuations par lesquelles il lui donne à entendre quelles sont les armes dont il a été frappé. L'expression simple du sentiment n'ayant aucun effet sur ce cœur cruel, il a recours à sa flûte à laquelle il adresse ses vœux. « Si jamais, assis sous l'ombrage, j'ai dans mes loisirs tiré de toi quelques agréables sons ; si par leur douceur je méritai l'attention des frênes sauvages qui semblaient me témoigner quelque sensibilité, fournis-moi les mêmes accents que naguères tu m'inspirais ; récrée par eux la belle Pancharis, et que les agréments de tes nouveaux sons soient un charme puissant sur elle. » Mais la flûte n'est pas plus heureuse que la douce persuasion qui distillait de ses lèvres. Il a recours à ce petit dieu au brillant carquois, qui lui avait décoché une flèche si cruelle. « Souverain dominateur de l'univers, s'écrie-t-il, ô toi l'auteur de tant de maux ; mais consolateur si puissant dans un grand nombre d'autres, divin

Amour qui souffles sur l'adolescence un poison qu'elle hume avec tant de plaisir à la coupe de la Volupté; toi qui nourris chez le vieillard une flamme qui met tous ses ressorts en action, et chez les dieux des desirs qui les forcent à quitter les brillantes jouissances de l'olympe, pour venir savourer un plus grand bonheur dans les bras des mortelles; quel crime ai-je commis, dis-le moi, pour me prendre ainsi comme un objet le plus propre à épuiser ton carquois ? » La prière est vive; les offrandes, car il en faut quand on veut faire valoir les prières, sont telles qu'elles peuvent plaire. L'amant s'en croit en droit de faire une déclaration pathétique où se développe toute la chaleur de la passion la plus vive. Enfin, l'Amour frappe la belle, et c'est alors qu'elle s'écrie : « Tu l'emportes sur moi, puissant dieu de Cythère; tu as vaincu, je succombe. Vas, monte à présent sur ton char d'ivoire, en déployant ces aîles où brillent l'or et le rubis. Dirige ton vol vers l'olympe pour cacher ta fourberie dans le sein de ta mère. La déesse, en te souriant, te félicitera sur ton triomphe, pendant que ses mains légères te couvriront de roses. » Enfin la belle se rend. On capitule, car en pareil cas il faut toujours tirer le meilleur parti de son ennemi ; de là les élans du vainqueur envisageant le bonheur qui lui dérive de sa victoire ; les douces communications de deux cœurs réunis sous la tutèle de l'Amour ; les effusions entre deux ames qui sympathisent par le genre de leur affection. La doctrine, au milieu de ces douces conférences, ne perd pas ses droits. L'amant y a recours pour y puiser des moyens de retenir sa belle dans les agréables chaînes dont elle vient de se lier. Ici sont des vues générales sur ces forces d'attraction qui dirigent tous les êtres vers l'union nécessaire à leur reproduction. L'amoureux philosophe prend ses preuves chez tous les êtres organisés, chez les végétaux qui ornent la surface de la terre, chez les quadrupèdes des épaisses forêts, le peuple aîlé des airs, les muets habitants des ondes ; tout ce qui a vie lui est un sujet dans ses applications. Là viènent des considérations sur l'origine des substances que la vie anime, la manière dont celle-ci commence, ce qu'elle est dans les êtres dont l'existence est passagère. L'esprit se promène sur les plus petites espèces qui forment la longue chaîne des végétaux, et vient enfin se reposer sur ces grands individus qui, s'allongeant en troncs et en bras vigoureux, viènent affronter la colère des cieux. Plus loin le précepteur fait une incursion dans les champs de Flore, et en s'arrêtant sur les fleurs qui, par leur parure, fixent le plus l'attention, comme sur celles de moindre apparence, il en prend occasion de faire voir comment la déesse de Cythère a étendu son pouvoir jusqu'à elles. Après avoir bien établi ses principes, il en vient à ce qui le regarde dans divers morceaux qui offrent une suite de tableaux bien propres à intéresser en sa faveur. Enfin le sanctuaire de Vénus est ouvert à l'amant qui, y ayant goûté tous les plaisirs d'un amour satisfait, se répand bientôt en actions de graces sur la faveur qui lui a été accordée. Viènent ensuite les plus agréables jouissances avec leur cortège ; les craintes sur les évènements; la jalousie qui est la maladie de l'amour; les imprécations contre ceux qui pourraient troubler une flamme aussi pure que celle dont brûlent les personnages du poème ; les serments sur sa longue durée; les conseils d'aller chercher une plus grande sécurité dans une terre étrangère ; ceux relatifs à la conduite à tenir pour cacher le bonheur qui n'excite que trop l'envie chez d'autres ; les chagrins, les reproches que suscite l'éloignement de l'héroïne à acquiescer à ce dernier parti. Au milieu de tout ce tracas qui anime la scène d'amour, le héros toujours actif moissonne des lauriers sur un champ dont il est en pleine possession. Il ne laisse aucune occasion favorable sans se signaler par quelques nouvelles victoires, quoique mettant ses moyens à couvert. Il se regarde comme heureux ; mais son bonheur disparaît bientôt pour faire place aux plus vives inquiétudes. Lucine est venue visiter l'héroïne au moment où elle s'en souciait le moins, et lui fait sentir qu'il était temps qu'elle lui portât un hommage. Pancharis est effrayée des accents de la déesse ; elle s'en ouvre à Iphie qui est sur le point de partir pour Samos, la priant de consulter la Sibylle pour savoir d'elle quelle fin auraient des feux qui, jusqu'alors, avaient brûlé d'une manière si réciproque. La réponse n'est pas favorable ; le froid se glisse dans les entretiens ; le héros en forme des soupçons et en manifeste ses plaintes ; l'héroïne en prend occasion de rompre avec lui, quoique conservant toujours le même amour qui lui fut juré. Enfin, bientôt les remords, les inquiétudes qui s'accumulent sur elle, allument en ses veines une fièvre cruelle; elle en est la victime, elle meurt. Zoroas est aux abois. En proie à la plus poignante douleur, il a recours à la philosophie de laquelle il attend la plus prompte consolation : sa demande est vaine. Son bonheur passé se retraçant à sa mémoire, est pour lui une cause continuelle de chagrins. A peine peut-il suffire à traîner sa malheureuse existence. Il est averti, dans une apparition, de faire le voyage de Leucate pour finir son iliade de misères. Il suit ce conseil; mais avant de chercher dans les ondes amères un allégement à ses maux, il raisonne sur le suicide et se précipite pour ne jamais reparaître sur la scène du monde.

Tel est le cadre dans lequel l'auteur

a enchassé toutes les pièces de rapport qui constituent son poème ; ainsi on peut le regarder comme une galerie de tableaux où se voyent la plupart des usages de l'ancienne Grèce. Quelques groupes de personnages, par leurs discours et la passion dont ils sont souvent les interprètes, animent une scène qui se renouvèle à chaque page sous le pinceau savant qui distribue les couleurs. Chacun ici trouvera un aliment propre à satisfaire ses goûts. Le romancier y verra un échaffaudage qui, avec quelques pièces d'emprunt, pourront l'aider à composer une histoire dans le genre grec, aujourd'hui si à la mode dans nos vêtements et nos ameublements. Le troubadour rencontrera quelques morceaux sur lesquels il pourra former une complainte propre à manifester, à l'aide de sa guittare, ses doux tourments d'amour. L'amant, encore novice dans les lois qu'on suit à Cythère, y trouvera le code écrit de la reine de l'isle, auquel elle soumet ceux qui se rangent sous son empire. L'amante dont le cœur ignore le doux langage de tendresse, y puisera les expressions propres à manifester la pureté de sa flamme. Le philosophe y lira les opérations les plus secrètes de la nature, développées dans cette sublimité de style que comporte la grandeur de ses travaux. Mais pour mettre plus en évidence ce que nous avons rapporté jusqu'ici, nous choisirons quelques échantillons du savoir faire de l'auteur, afin que les amateurs de la poésie latine puissent le juger par eux-mêmes.

La verve de l'auteur, comme il est d'usage, s'essaye dans son prologue où il développe les circonstances qui l'ont amené sur le Mont sacré. Les choses qui lui furent inspirées sur ce lieu, sont d'une nature si peu propre à être manifestées au vulgaire, qu'il ne se décide à les publier que dans un langage qui l'en écarte pour toujours.

Hæc secreta cano nunquam retegenda profanis:
Sacra sacris, esto lex veneranda piis.
Illa sonis ideo promam quos prima juventus
Non capiet, quamvis ingeniosa velit.

L'auteur ambitionne les suffrages de l'homme instruit, et à dire vrai il a beaucoup travaillé pour les obtenir.

Non carmen meditor cedro fragrante linendum,
Quod nec derosum bibliopola gemet.
Hæc scio; sed quædam nihilominus otia docti
Illud opus fallat, me manet inde decus.

Mais tout en travaillant pour ceux qui peuvent concourir à sa gloire, il n'oublie pas les agréments dont pourra être son ouvrage à la jeune fille chérie d'Apollon, au moment où elle pourrait être impatiente sur l'arrivée de son amant.

Vel legat in sponda cui nuper Apollo renidet
Virgo sub adventum jam resupina phili;

Non moror interea cingat modo bacchare frontem
Blanda Erato, nutum Cypride dante suum.

L'auteur s'attend bien à trouver quelque zoïle qui noircira son travail; mais il s'en rapporte, pour le rétablissement de sa gloire, au témoignage véridique de nos neveux.

Palleat hinc operis quisquis foret illius osor,
Quod mihi forsan erit, post mea fata, decus.
Longa dies etenim rebus dat robur ademptis,
Exoriturque suo sic nova fama rogo.

Il espère cependant trouver quelques défenseurs dans la bonne ville qui lui donna naissance; la croyance où il est à cet égard lui fait envisager sa fin avec plus de sécurité.

Sit tamen ipsa memor regina Lutetia vatis
Serius aut citius, gratus adibo Stygà.

Il termine par cette espérance qui soutient, dans leur pénible carrière, les moindres nourissons d'Apollon.

Si me non ludit mentis temerarius error,
Non erit ut moriar vel cinis omnis eam:

Seu favor hoc voluit, vel habet vis carminis, æque
Debita lectori præmia laudis erunt.

Après ce début le héros du poème entre en matière par une interpellation à ses amis, dans laquelle, convenablement aux principes qu'il développera par la suite, il les invite à jouir du bienfait de la vie et à peu compter sur les protestations de constance que donne une belle :

. . . . *Namque bilinguis*
Quæ spondet, fluvio scribere virgo solet.

Diversité dans les jouissances que nous accorde le sexe à qui nous devons hommage, c'est sa devise. Mais il voit Pancharis, et toute sa doctrine s'évanouit avec les préceptes qui en découlent.

Ah miserum! precepta dabam, desciscere cogor,
Cum qui cuncta domat, me domet acer Amor.

Comment, en effet, résister au pouvoir des traits qui partent de cette belle, pour blesser tous ceux qui ont un cœur sensible.

Verna genæ rubeo referunt suffusa colore
Lilia, jucundus quas gelasinus arat.
Uda colorato prælucent labra corallo,
Queis nivei dentes dantque foventque decus.
Quinetiam cirris resplendet amabilis error,
Lacteolis humeris unde sit alter honos.
Sic coma luxa fluit Charitum spirantibus auris,
Dum pede concordi pulsa resultat humus.
Brachia candidiora recens florente ligustro
In teneras abeunt, ut decet illa, manus.
Sub tenui lino latitantes pectoris orbes
Indociles etiam vique jocoque trahunt.

Voilà certainement des coups de pinceau auxquels les anciens Romains pourraient reconnaître la touche prononcée de leur aimable Ovide. Cette blancheur de lis des joues, relevée par une rougeur pudique, ces lèvres vermeilles qu'une douce rosée humecte légèrement, et dont la couleur est tranchée par les perles qu'elles laissent paraître dans leur écartement; le tout embelli par le charme d'un doux sourire, *gelasinus*, l'agréable abandon des boucles de sa chevelure sur ses épaules d'albâtre, *amabilis error*, abandon qu'on trouve chez les Grèques quand elles frappent la terre selon les règles de la mesure ; ces bras comparés pour leur blancheur à celle du troëne, le *niveum ligustrum* d'Ovide, qui se terminent en mains délicates, *teneras manus* ; le contour de son sein paraissant à travers le fin lin, quoiqu'artistement placé pour le cacher, *latitantes pectoris orbes* ; à tous ces traits pourrait-on méconnaître une touche délicate et savante ? Le philosophe est blessé, il sent que Vénus est la seule déesse qui puisse subvenir à sa peine ; hélas ! dit-il, dans un de ces moments où il sent toute la cruauté de sa blessure :

Hei mihi! quot vacuum curæ luctusque manebunt,
Si votis perstet dura puella meis!
En tacite serpit virus stillatque per artus
Corporis, et vires exitiale necat.
Nil solitæ recreant artes, non carmina prosunt;
Mollia sunt vacui carmina cordis opus.

Alors il se résout à porter son hommage à la belle Cythérée, pour qu'elle le favorise dans ses amours. Son invocation à la déesse est pleine de grandeur, considérée du côté des sentiments, et riche de graces, envisagée du côté de l'expression. On ne trouve aucun des traits qui ornent la touche de Lucrèce, quoique celle-ci marche avec la majesté qui convient à la souveraineté de la déesse ; c'est ce dont on peut se convaincre par le commencement que nous soumettons :

Alma Parens rerum! cujus nascuntur in orbe
Cuncta sub auspiciis, qua bona cuncta valent ;
Vita juventutis, naturæ lumen amicum ;
Quamque colunt homines, quam coluere Dii :
O genitura maris, cunctæ genitabilis auctor
Virtutis, renovat qua data secla dies ;
Quam comitant Risus, Charites, Zephyrique Jocique,
Extera seu lustras vel tua regna vides ;
Da mihi te, formosa Venus, placare potentem,
Et culpæ crimen grande piare meæ.

Il termine d'une manière aussi majestueuse :

O Dea! quam precibus mortales usque fatigant,
Eheu! nunc abeo, tu miseresce meî.
Ah miseresce, Parens ; et edant ne sævius ignes,
Quam peto, nunc damnis protinus affer opem :
Moxque potens voti citharam tibi pectine tangam,
Mixtaque vox laudes tollet ad astra tuas.

On peut dire ici que toute cette invocation est réellement poétique en ce qu'elle est pleine de grandeur et de dignité ; la marche du vers en est facile ; elle ne cloche pas par les sauts que lui donne l'élision ; elle ne s'arrête pas par le manque de césure ; l'harmonie y est complette, et la mesure bien soutenue. L'auteur dans les passages suivants fait voir comme il manie son mètre quand il parle le langage musical qu'il est si difficile de rendre dans le style élégiaque ancien, d'après les notions que nous avons actuellement sur l'harmonie. En répondant à sa belle qui l'engageait à réprimer son ardeur, et parlant de sa voix qu'elle savait si bien marier aux accords de la cithare, il continue en disant :

Neve dehinc resonet blando tractura canore
Queis focus ignotus pectoris intus inest.
Desinat ire volutatim totiesque tenore.
Opposito cordis semper adire vias.
Quinpotius pergat querulis accentibus esse,
Vel sileat nimium peniciosa sono.

. . . .

. . . .

Non hesterna fugit malecautam lectio mentem,
Non fugit ut tremulos es modulata sonos.
Ducebat vocem blando mea tibia flatu,
Sed raptus mentis vix ego compos eram.
Semitonisque quibus modulus minor inde subibat
Victus eram, primi sed rediere toni.

Un morceau qui piquera tout auteur dans le bon genre, est celui intitulé *Tibia*, dont le refrain commence par un vers emprunté de la huitième éclogue de Virgile. C'est une invocation que le héros fait à sa flûte pour qu'elle lui donne des sons propres à fléchir sa belle : car quand on veut réussir en amour, il ne faut mépriser aucun moyen. Elle commence ainsi :

Incipe Mænalios mecum mea tibia cantus,
Incipe et argutis perge jocosa modis.

Ce morceau est plein de douceur ; Amphion, Arion, et le sensible Orphée y sont cités à propos ; le poète saisit cette occasion pour y appeler Apollon à son aide. On voit que c'est de lui dont il parle quand il fait dire à son héros :

Tu mihi quæ virtus herbis morbisque medela
Aptior, edideras ; nunc meminisse juvat.
Dein me per Pindi fontes collesque vocasti,
Quo me invitabat lucidus alter honos.
Auribus haud vilis nec adhuc mea tibia sordet ;
Ipseque si teneri carminis auctor eram,
Hæc tua sunt, cumulumque tuo superadde favori
Hos afflans modulos queis mea virgo flagret.

Le morceau finit d'une manière spirituelle :

In me tota ruit Cypris memeque Cupido
Totus habet, paci nec locus ullus erit.
Garrula nunc fer opem, flammis da mollibus escam,
Qua saltem pondus nunc relevare queam.
Ah si forte canor necquicquam verberet aures
Ipsius, et pereant qui valuere soni ;
Desine Mœnalios jamjam, mea tibia, cantus ;
Desine, et argutis non, cedo, perge modis.

Un charmant morceau qui fixa l'attention de l'auteur est celui qu'on trouve dans Métastase, sous le titre de *Tempestà*. Quoique la mesure élégiaque soit moins favorable au genre descriptif que l'hexamétrique complet, on y voit cependant toutes les couleurs primitives de l'original italien, si éloquent sous la plume de son auteur :

Aspice quam late nimbis nigrescit horizon,
Ut procul inversis œstuat œquor aquis.
Ingeminant Austri, jamjam magis aridus altis
Montibus auditur, spe fugiente, fragor.
Pulveris exsurgit nubes, turboque revolvit
Decussas frondes, silva sonora gemit.
Huc illuc spumas radendo littus hirundo
Tinnitu querulo damna futura canit.
Verberat imber humum, tumidis furit unda sub undis;
Instat, prœvideo, proxima causa mali.

Quand on a affronté les tempêtes et qu'on a vu le ciel au loin se noircir par l'accumulation des nuages qui bornent l'horison, qu'on a vu la mer s'élever en vagues menaçantes, qu'on s'est enfin trouvé au milieu des plus violentes tourmentes, on sent toute la valeur de ce *late nimbis nigrescit horizon*, de cet *œquor œstuans inversis aquis*, enfin de ce *tu-*

midis furit unda sub undis qui font autant d'images dont ceux qui n'ont point voyagé en mer, peuvent prendre quelques idées dans les tableaux de Vernet. La vérité du reste de la description est sentie par ceux qui, en pareil cas, se sont trouvés sur le rivage.

Un morceau qui respire la passion, mais la passion en prise avec la pudeur, est celui intitulé *Deditio*, dans lequel Pancharis fait à Zoroas l'aveu des vifs sentiments d'amour qu'elle éprouve pour lui ; c'est ce qu'on voit dans le passage suivant où, en lui annonçant le pouvoir qu'il a pris sur elle, elle s'écrie :

Eheu! quid luctabar amans, si tela nequirem
Sæva à virgineo jam prohibere sinu?
Victori do victa manus, licet, esto, quod optas.
Infandum! nostro crimen ab ore venit.
Vox perdit miseram primoribus edita labris ;
Nilne erit, o lacrymæ, quo relevetis onus?

Le reste du morceau est plein de feu ; le langage de la belle est monté sur les irrésolutions; enfin, comme la tendre

Julie dans la nouvelle Héloïse, elle finit par se mettre sous la tutèle de son vainqueur, en invoquant à elle tous les principes d'honneur qu'elle suppose être en lui.

La partie scientifique est traitée dans les articles *Monocromum*, *Miscellanea*, *Sponsalia*, *Paralipomena*, et *Auctarium*. C'est dans ces morceaux séparés où l'auteur touche en grand les phénomènes de la nature vivante dans les corps organisés. Il donne dans le premier une idée du pouvoir qui porte les êtres créés vers leur reproduction; il y revient dans ses *Miscellanea* où il établit ses preuves d'après les exemples qu'il prend de divers ordres de corps organisés; il retouche cette matière dans celui des *Sponsalia* où tout ce qui a rapport à la vie végétale est traité d'une manière étendue. Tous les faits qu'il a cités, en traitant ces différents sujets, sont autant de fils destinés à conduire derrière eux ceux qui se sentent assez de courage pour entrer dans le labyrinthe, au fond duquel se trouvent désourdis les frèles ressorts de notre organisme. Le langage de l'auteur est monté dans cet article, comme dans le suivant, au dégré de sublimité que comporte sa matière ; les vers y marchent rondement, sans se sentir de la gêne si ordinaire qu'on trouve lorsqu'on cherche à rendre, sur le ton métrique, des objets de doctrine. On y verra, lorsqu'on en prendra connaissance, comme, sous sa plume, le technique se revêt de sa plus belle parure pour entrer dignement dans le sanctuaire des Graces, sans rien offrir qui choque sous des habits qu'il endosse rarement.

Un autre morceau qui est encore d'un bon goût, est celui intitulé *Comparatio*. Nous pouvons assurer qu'il est du plus beau genre descriptif. On voit dans tout son coloris cette touche de maître à qui l'objet qu'il peint est toujours présent. Il s'agit encore de la mer, de son calme, de ses fureurs que l'auteur a tant et tant observés dans ses nombreux voyages sur l'océan. La belle Pancharis se promène près du rivage, sur le soir d'une belle journée d'été. Ses réflexions se portent sur les charmes que lui offre le cristal de l'onde tranquille; elle communiquait ses pensées à son amant en lui faisant partager les douces affections qui nourrissaient son ame. Tout change aussitôt: la tempête met l'océan en convulsion ; Zoroas en prend occasion pour comparer ce double état du liquide élément avec ceux que lui offre sa bien-aimée, lorsqu'elle lui sourit, ou qu'elle lui témoigne quelque indignation. Le cadre est on ne peut mieux rempli ; il semble qu'on a les pieds mouillés en cotoyant le rivage, quand on lit les vers suivants :

Unda super ripam lente revoluta vehebat
Algam, tum fucos quisquiliasque freti ;
Quantum oculis lustrare licet, Thetis alta silebat.
Instar et illimis plana paludis erat.

De légers zéphyrs, pour rider la surface de l'eau, vièneut ici fort à propos.

Huc illac Zephyri stringebant æquora pennis,
Et sua miscebant furta jocosque leves.

Veut-on des images fortement rendues dans un ton harmonieux? la tempête vient les offrir :

At subito Hippotadæ proles fremebunda furentis
Irruit huc illuc dimicuitque freto.
Assiliunt fluctus mugitque sub æquore gurges;
Imis avulsum sentit arena vadis.
Fitque ingens undis surgentibus agger aquarum,
Isque dehiscendo cogit utrinque parem.
Insonat ora feris assultibus inque minaces
Insurgit scopulos ira soluta freti.

Le reste du morceau est de la même touche. Zoroas tient à sa belle le langage des reproches, et il le termine en lui disant :

Te procul infelix doleo, vicinus et angor;
Absens vel præsens, sic mihi damna paras.

L'amant, quelque favorisé qu'il soit, se trouve malheureux de ne pouvoir porter hommage à sa belle quand bon lui semble ; il propose une émigration ; on s'y refuse ; sur ces entrefaites il tombe malade, et le refus ne contribue pas peu à aggraver son état ; c'est alors qu'il s'adresse à la déesse Hygie :

Peonis o soboles, languentis spesque salusque,
Lucida nata poli, nunc age, rumpe moras.
O Hygieia ! procul nutu risuve malorum
Quæ pellis causas, labere blanda mihi.

Le reste du morceau est monté sur le plus haut ton ; les vers y sont coulants, majestueux, et font image.

Le *Colludium* est un entretien passionné au milieu d'un bosquet élevé, d'où l'on a la plus belle vue. Le commencement est dans le genre descriptif. On voit l'amant se pénétrer insensiblement des beautés du lieu qui se reflétant sur sa belle, ne font que plus ressortir ses charmes. C'est un berceau que le jasmin, par de nombreux contours, vient couvrir et embellir de son feuillage :

. . . . Lascivit olens super et dat amœnum
Textilibus ramis, quo placet illa, decus.

Un ruisseau plaintif qui arrose çà et là la prairie :

Itque reditque vagus picti per gramina prati,
Rivulus hic lympha saxa trahente loquax.

Un peuplier qu'un léger vent fait parler; un saule dont les branches balancées viènent se désaltérer à la surface de l'onde :

Populus hæc foliis aura spirante susurrat ;
Tum lacrimosa salix, quæ sibi lambit aquas.

Un papillon léger qui voltige avec sa compagne pour butiner sur les fleurs :

Huc illuc volitans alis librata jocosis
Papilio, sequitur pressius ipsa marem ;

Et quibus illa sedet dulces potura liquores
Floribus, hic sequitur pone bibosus eam.

Tout est un objet d'observation, de description dont l'auteur embellit les masses par des couleurs vives, riantes, et bien nuancées. Mais tous ces objets qui nourriraient amplement l'imagination d'un Albane, d'un Linné, ne servent, chez le héros, qu'à réveiller sa flamme, et à remonter les ressorts d'une sensibilité que la maladie avait détendus. Aussi dans un moment où il commence à en éprouver les effets, s'écrie-t-il, en revenant à ses intérêts :

Ecquid dum natura monet nos esse regendos
Lege sua, nobis irrita jussa forent ?
Cras amet, ah! potius nunquam qui segnis amaret ;
Sed qui nuper amat, nunc amet inde magis.

Le morceau qui suit, intitulé *Vigiliœ*, est du plus grand intérêt tant pour le fonds que pour la forme ; il est imité de celui connu sous le nom de *Pervi-*

gilium Veneris, qu'on attribue à Catulle, hymne que des jeunes filles et des jeunes garçons chantaient en l'honneur de Vénus, au commencement du printemps et pendant la nuit. L'auteur en a élagué beaucoup de choses; mais aussi il y en a ajouté tant d'autres pour l'encadrer dans son plan, qu'on peut le regarder comme neuf, produit comme il l'est, dans la mesure élégiaque qui a nécessité un tout autre ordre dans les matériaux. Il est avant celui qui est relatif à la fête de l'héroïne; il commence par le refrain suivant:

Cras amet omnis inops animi qui nescit amorem;
Crasque magis sapiens, siquis amavit, amet.

La première strophe qui contient la naissance de Vénus, offre les plus belles images, rendues avec une facilité de mesure qui ferait plaisir aux connaisseurs. La seconde continue dans le genre descriptif; Vénus sort de l'onde; toute l'isle où elle aborde éprouve les influences de son pouvoir.

Sensit ager, sensere deam vallesque nemusque.

Les habitants ne sont pas insensibles à ses charmes, et dans leur ivresse :

O numen, dixere, novum quo gaudia fervent ;
Si placeat sedes, otia ruris habe.
Alma fave tenuesque casas ne sperne tuorum ;
Mox et erunt aris, queis celebretur honos.

Dans la seconde, ce sont des jeunes filles qui vont dans les bois faire leur récolte de fleurs pour la fête ; l'Amour les accompagne ; suit une invocation à Diane pour qu'elle se dispense de verser le sang en ce jour. On parsème la terre de fleurs dans la troisième ; on en prend occasion de supplier la rose de briller le lendemain avec toute la vivacité de ses couleurs. L'éloge des champs vient dans une des suivantes. L'auteur en profite pour dire quelque chose de la naissance de l'Amour. Il en vient dans la dernière aux chants dont la modulation doit exciter chez tous la plus vive allégresse , et il la termine en disant :

Mitis Amor, jamjam propera, nec ab igne calentem
Nunc sine pro nugis me tetigisse lyram.

Ce morceau est riche en images et en beautés de détail. En parlant du souverain pouvoir de Venus , relativement à la reproduction , quelle grandeur , quelle vérité dans les vers suivants :

Diva suis auris venas mentemque gubernat ;
Intus et oculta vi fovet omne genus.
Per freta , per terras , per inane regitque premitque
Cuncta sub imperio mox animanda suo.
Sic viva imbuitur virtute feracior orbis ,
Ortus dum pandit quæ latuere vias.

Un morceau bien sentimental, quoique dans le genre exprobratif , est celui intitulé *Peripetia*. Il est adressé à la belle Pancharis , qui commence à éprouver des remords sur les faveurs qu'elle a accordées à son amant. Celui-ci qui n'en est pas encore instruit, commence à se laisser entraîner à la jalousie. En lui avouant sa constance, il lui dit :

Adde fidem; nostri non sum violator amoris,
Nec notas fecit garrula lingua faces.
Permultas equidem novi queis byssina prompsi;
Sed tu sola meis es memorata modis.
I, pete convalles, frondoso vertice colles;
Et scitare nemus, cognita jura dabunt.
En et adhuc resonans hesternis vocibus Echo
Quos tibi jactabam garrit amica modos.

Voilà des moyens de conviction auxquels nos élégants du jour, qui vont soupirer dans des boudoirs, auraient d'autant moins pensé, qu'ils auraient eu peu de valeur auprès de leurs belles.

L'allégorie est un des matériaux de la poésie, qui par la manière dont on l'emploie, indique le génie ou l'ignorance de l'artiste. Elle est d'autant plus agréable qu'elle cache avec finesse des beautés qui rassasieraient à la première vue, si elles étaient produites de prime abord au grand jour. C'est un moyen dont l'art fait usage pour voiler, et en même temps faire connaître des choses dont il fait payer l'acquisition par le travail de l'esprit. On croit voir une coquette qui offre et retire tout-à-coup ses faveurs, et qui ne fait acheter la dernière qu'au plus haut prix. L'auteur en a fait usage avec beaucoup de délicatesse, dans le morceau intitulé *Naufragium*, où la belle pleure la perte de cette fleur, à laquelle nous sommes redevables de l'essor si charmant de la verve qui anima Catulle. Sous l'emblême d'un vaisseau naufragé, l'auteur développe tout ce qu'on peut dire sur les regrets d'une jeune fille qui ne s'est pas gardée des atteintes de la séduction. Nous finirons l'analyse de ce Poème par le morceau intitulé *Soliloquium*. Il est pathétique ; la touche en est mâle ; les sentiments que le héros annonce sont ceux du désespoir :

Marte meo pandatur iter per opaca viarum,
Si nunc non aliter Tartara cœca patent.

Mais ils sont bientôt tempérés par le ressouvenir de la consolante doctrine de Platon, qui lui promet un bonheur après sa mort :

Hœc mihi spes refovet vires spondetque quietem,
In tenues umbras cum resolutus ero.

Les derniers adieux qu'il fait à ses élégies sont marqués au coin de la plus vive sensibilité. En les personifiant, il leur donne un caractère d'action qui contribue beaucoup au style touchant de ce morceau.

L'ouvrage est terminé par un *Exodium* où l'auteur dit qu'il était prêt à jeter son livre au feu ; sur ce que lui conseilla le dieu des vers dans une apparition qu'il en eut. Ce dieu voyant qu'il ne pouvait se résoudre à rompre ses tablettes, lui dit :

Esto sis numeris hedera quam dignus inempta,
Te manet infelix, quo satiere, cicer.

Spes nulla ulterior; largi vixere patroni;
Nec, tua qui gratus pensa rependat, erit.

Le dieu d'amour les lui vola alors et les déposa à Cythère; aussi inculpe-t-il ce fripon, si son ouvrage vient à être publié.

On voit par l'analyse que nous venons de faire de ce travail du D. Petit-Radel, combien l'auteur a su tirer parti de son imagination dans les climats chauds où les matériaux de son ouvrage furent formés. Non seulement chacun des morceaux ont un fini dans leur genre, mais encore leur ensemble offre un tout assez bien lié pour lui donner le caractère romantique. Chacun présente un genre qui lui est particulier ; ce sont des images dont les couleurs tantôt se nuancent , et tantôt sont brusquement tranchées par les sentiments de la plus vive passion. Les narrations y sont simples , par fois pathétiques , et chaque morceau se tient tellement , qu'on passe naturellement de l'un à l'autre. La lyre de l'auteur est majestueuse dans toutes ses invocations ; elle est tellement triste dans les articles, *Monologium*, *Æstus*, *Ululatus*, *Epicedium* et *Augustale*, qu'il semble qu'on entende des sanglots. Elle est légère et enjouée dans ceux intitulés *Hortatio*, *Mnemosynum*, *Chytrinda*, *Remoramen* et *Colludium*; elle est montée sur la dignité de la science, lorsqu'il s'agit de développer les points les plus obscurs de quelque sublime doctrine; elle suit tout le moëleux du sentiment dans les articles où la tendresse joue le plus grand rôle. Cependant on pourrait dans ceux-ci trouver à redire de ce que l'auteur est trop brillant dans ses descriptions ; d'avoir trop employé les comparaisons ingénieuses et tous ces ornements superflus, étrangers au langage d'un cœur qui soupire, lorsqu'il est prêt d'être récompensé. On pourrait ici lui faire le reproche que Quintilien adressait à Ovide, d'être trop amoureux de son bel esprit, *nimium amator sui ingenii*, d'où suivrait la conséquence naturelle que son imagination tient souvent la place de son coeur. En général les vers vont rondement; peu sont brisés; ils ont un coulant naturel, et rarement ils sont arrêtés par des élisions trop rapprochées. Si par fois la métaphore y vient ajouter un brillant, elle est si bien amenée qu'elle ne fait que leur donner un nouveau prix; plusieurs ont la touche vraiement lyrique; d'autres semblent ne devoir être chantés qu'au luth des Amours; il en est beaucoup qu'on aurait écoutés avec plaisir dans les soupers de Mécène, quoique composés dix-huit siècles après celui où la langue des Romains était la plus épurée. Quelques éplucheurs se sont récriés sur les vers où se trouvent plusieurs adverbes de suite; mais si l'on était aussi scrupuleux sur Virgile, il faudrait laisser ce divin poète en pâture aux vers, dans les coins poudreux de nos bibliothèques. D'ailleurs, nous pourrions leur répondre par le *non ego paucis offendar maculis* d'Horace, qui ne leur laisserait aucune replique. La lecture de ce poëme, par la multitude d'objets qu'il offre, pourra pleinement convaincre que l'on parle d'autant mieux le langage des dieux, qu'on est familiarisé avec celui de la belle nature, au physique comme au moral. Quand on s'est nourri, comme l'auteur, par les phénomènes que l'univers offre en grand et en petit; qu'on a étudié le langage du cœur dans le tortueux labyrinthe des passions où il se forme, du moment qu'on sent, *quid valeant humeri, quid ferre recusent*, il faut ne point se refuser a un fardeau que l'imagination allège alors; mais il faut se garder de se l'imposer trop tôt, car dans des circonstances contraires, les forces se refuseraient à le soutenir.

MARRON.

COUP-D'ŒIL

SUR LA POÉSIE ÉROTIQUE,

ET LES POÈTES GRECS ET LATINS

QUI SE SONT DISTINGUÉS EN CE GENRE,

S'IL fut un sujet digne d'occuper les loisirs des premiers poètes, ce ne put être que celui qui, fondé sur les doux sentiments de l'amour, leur fournissait les moyens de nourrir leur génie, en aiguisant les traits dont eux-mêmes pouvaient être atteints. Tel est le pouvoir de cette passion sur l'homme que, comme elle monte les ressorts de son être, et active toutes ses sensations, de même elle élève son langage pour le faire correspondre au nouvel ordre de rapports qui s'établit sous son influence.

L'amante, aux yeux de celui qui lui avoue l'empire qu'elle a sur lui, n'est plus une mortelle ; c'est une divinité descendue du ciel pour le faire jouir du seul bonheur auquel il aspire. Une fois l'imagination ainsi montée, tout se modifie sur ce premier type de sensations; les métaphores, les allégories se succèdent, et le langage passant du simple au figuré pour prendre le caractère pathétique, devient bientôt divin comme son objet. Si l'amant fait l'aveu de son ardeur, il la peint sous l'apparence d'une flamme dont son cœur est tacitement consumé :

Ipsius est imas tacite fera flamma medullas.

Si, épris des charmes qui le tiènent dans les fers, il cherche à exprimer le pouvoir de quelques-uns, ce ne sont plus les yeux d'une beauté; ce sont des jets de lumière qui le disputent en clarté aux diamants étincelants sur la voûte azurée des cieux :

Fronte sub elato scintillant æmula stellis
Lumina.

S'il parle de cette rougeur virginale que la pudeur étend sur ses joues au moment où son cœur éprouve un épanouissement d'amour, ce sont des roses qui, transportées des bosquets d'Idalie, s'empressent, en leur faveur, à se dépouiller de leur éclat :

Virginis ora rubent roseo fulgore nitentque.

Enfin s'il fixe son attention sur la blancheur des dents dont sa bouche est ornée ; ce ne sont plus de simples moyens nécessaires pour le travail mécanique de la mastication ; ce sont des perles venues des brillantes contrées de l'Inde pour, se rangeant régulièrement en demi-cercle, faire admirer toute la beauté de leur eau.

Eoi ore sedent junctim fulgent et elenchi.

Ainsi, d'après ces considérations, tout porte à croire que les premiers morceaux de poésie qu'enfanta le génie de l'homme, furent ceux que dicta l'Amour (1). Linus, le poète le plus ancien dont il soit fait mention dans les annales du Parnasse, semble s'offrir de lui-même pour prouver cette assertion. Comment, en effet, put-il traiter de la génération du monde selon la tradition qui nous en a été donnée ? com-

---

(1) Les premiers essais en poésie, furent, dit-on, consacrés à l'Éternel. Étonné à la vue du spectacle sublime que lui offraient les divers objets récemment créés, l'homme éleva ses bras vers les cieux pour témoigner sa reconnaissance par des cantiques que la sensibilité de son cœur lui suggéra. Milton, à ce sujet, dans son cinquième livre du *Paradis perdu*, se rend l'interprète des sentiments du premier des humains, dans le pathétique tableau qu'il en offre. Cependant, malgré tous les efforts d'imagination qu'ont faits les poètes pour peindre ce qui arriva dans ces premiers moments, nous sommes loin de croire qu'ils ayent atteint la vérité dans tout ce qu'ils nous ont dit sur ce point. Ils ont développé ce qui aurait dû être, et non ce qui a été. L'homme, d'une nature quelque distinguée

ment put-il s'expliquer sur le sublime concert de la nature, sur le luxe des fleurs qui émaillaient les prairies, sans dire quelque chose de cette puissance irrésistible à laquelle sont forcés de se soumettre les être vivants, pour perpétuer les brillants effets de la première

---

qu'on ait voulu l'admettre, n'en reçut pas moins alors, avec le souffle de la vie, les inclinations brutes qui le portaient vers les moyens de conserver son existence, plutôt qu'à la considération des objets d'une plus haute importance; témoin ce qui se passe encore aujourd'hui dans les isles et les terres fermes habitées par les sauvages qui n'ont aucune idée sur la divinité. S'il chanta dans ces premiers temps, ce furent les cantiques de Cythère, et non des hymnes au créateur des choses, dont il était réservé aux philosophes de ce jour de nous donner quelques notions. Le philosophe, en lisant les produits de l'imagination poétique, doit les admirer quand ils sont de nature à passer à la postérité; mais il doit toujours les réduire à leur juste valeur, quand il cherche à les apprécier.

création ? Malheureusement tout ce qu'il a dû chanter sur une pareille matière est perdu pour nous, ainsi que ce qu'il composa sur les grands phénomènes de la nature.

L'insouciance des hommes pour tout objet propre à nourrir leurs cœurs et animer les ressorts de leur existence, est et sera toujours le plus grand obstacle contre lequel auront à combattre ceux qui, cherchant à les éclairer, leur indiquent les moyens d'augmenter le bonheur vers lequel se portent toutes leurs pensées. D'après cette vérité, on ne doit plus s'étonner que l'antiquité ait été muette sur un personnage dont, relativement au sujet actuel, on ne peut parler que par probabilité.

Le voile qu'étend la succession des siècles sur les choses à mesure qu'elles descendent dans le noir abyme du passé, semble s'éclaircir à l'égard d'Orphée, et nous laisser en quelque façon entrevoir que ce pontife sacré, ce sage législateur ne dut point être étranger au langage passionné du cœur. S'étant nourri l'esprit de toutes les idées mystiques qu'il puisa dans l'Égypte, si, de retour en Grèce, il réveilla chez les habitants des différentes villes les pieux sentiments de la religion, ouvrant bientôt les avenues de son ame à l'impérieux pouvoir de l'amour, il n'en répondait pas moins à ses tendres insinuations, en chantant celle qui méritait son hommage.

Pénétré de la plus profonde douleur sur la perte de la nymphe qui auparavant fournissait à sa lyre le sujet des plus moëleuses modulations, notre poète se retira dans les lieux les plus sauvages de la Thrace. C'est là que, selon Virgile,

Ipse cavâ solans ægrum testudine amorem,
Te dulcis conjux, te solo in littore secum,
Te veniente die, te decedente canebat.

Ainsi il rendait confidentes de ses peines amères, les forêts, les vallées, et les cavernes les plus enfoncées. Le nom de sa chère Eurydice se répétait de toute part ; les accents de la douleur commencés dès l'aurore, se continuaient bien avant, jusqu'à ce que le soleil, gagnant l'horison, abandonnât les mortels aux douceurs d'un sommeil qui ne pouvait avoir accès sur lui. Ainsi continuèrent ses tristes jours jusqu'à ce que les Bacchantes, irritées du mépris qu'il leur avait témoigné, le mirent en pièces dans un moment de fureur que leurs Orgies amenèrent.

Orphée revenant d'Egypte, tout occupé des vérités mystiques qu'il avait recueillies dans la fréquentation des prêtres et des sacrificateurs employés au culte de la déesse Isis, ne pouvait guère allier les accords de sa lyre à ceux que demandent les émotions d'amour. Sans doute aussi ces émotions elles-mêmes n'auraient pu se faire sentir sur un cœur livré aux élans qu'excite la majesté d'un dieu suprême auquel il consacra ses premiers chants. Mais enfin il était une époque où le divin chantre devait sortir de son pieux récueillement, et c'est celle où il vit la nymphe Eurydice et en devint amoureux.

Si ce divin chantre prenait plaisir à rendre sensibles à ses accords les forêts et leurs paisibles habitants, quels ne durent pas être alors les moëlleux accents qu'il employa pour se concilier le cœur d'une personne née pour contribuer au bonheur de sa vie ? Mais dans ces temps reculés on écrivait peu ; les sentiments du cœur, animés par la force que leur donnaient les circonstances, s'improvisaient, comme aujourd'hui encore chez les nations les plus sauvages. D'ailleurs, comment aurait-on pu rendre toutes ces nuances, toutes ces teintes d'expressions qu'allume la passion ? comment aurait-on réussi à développer ce pouvoir du geste qui, leur donnant une nouvelle force, pénètre l'ame et ouvre la voie à la persuasion ? Aussi l'antiquité, en nous transmettant les hymnes magnifiques qu'il composa à la gloire du souverain être, ne nous a-t-elle rien laissé sur les poésies érotiques de ce grand génie.

On cite Pamphos comme étant disciple de Linus ; s'il n'est aucune autorité contraire à cette allégation, ce poète, tout imbibé de la doctrine de son maître, devait naturellement suivre ses traces et chanter les amours. Il consacra les premiers essais de sa lyre aux Graces; et qui chante les Graces chante Vénus et son fils, chante les Ris et les Jeux, leur aimable cortège ; et bientôt répondant aux feux qui l'animent, il cherche en son propre cœur le langage le plus convenable à l'expression de sa passion. Pamphos fit un poème sur l'enlèvement de Proserpine ; et sans doute que dans une si belle matière le poète ne s'en tint point au seul descriptif peu propre à nourrir le fond d'un si riche sujet, et lui donner l'énergie du sentiment qu'il suppose.

A mesure que ces premiers pères de la poésie composaient, ils unissaient leurs accents à ceux d'une musique propre à faire valoir leurs conceptions ; le son des lyres, des sistres, des harpes, des cithares et des flûtes, ainsi associé à la cadence du mètre, donnait une force à la pensée, et la faisait mieux valoir. Le poète, en récitant le produit de son génie, forçait, diminuait, ou augmentait les inflexions de sa voix, comme l'exigeait la mesure. Il donnait à celle-ci une nouvelle vie par l'art avec lequel il y unissait les sons de l'instrument dont il s'accompagnait. Ainsi la poésie et la musique allaient toujours de pair dans ces premiers temps. L'idée qu'on s'était formée de l'union de ces deux arts, avait donné lieu à cette inscription qu'on lisait au-dessus de la porte de l'école de Pythagore.

Procul este profani:
Non ingredimini, qui dulce melos nescitis;
Procul este profani.

Tels alors étaient les poètes les seuls possesseurs de l'attention des hommes, lorsque parut Homère long-temps aprés pour la leur ravir. Rougissez de honte, mortels qui, de tout temps, vous traînâtes dans les routes fangeuses de la routine et de l'ignorance ! Le plus sublime génie qui anima notre argille, et créa un monument éternel à sa gloire, fut ignoré de ses contemporains, et forcé par la misère d'aller de ville en ville en chantant les dieux et les guerriers pour gagner son pain. Homère est le premier poète à qui on ne contesta point ses ouvrages ; mais avant d'écrire il commença par amasser ses matériaux dans l'Asie, l'Égypte, les divers pays de la Grèce et autres contrées connues où il pouvait s'en procurer. Dans tous ces voyages il s'entretenait avec les Sages ; il comparait les notions qu'il en tirait, avec les maximes d'Orphée, de Linus et de Musée, dont il avait déjà quelque connaissance. Partout il puisait aux sources pour nourrir la morale, la politique et la religion qui règnent dans ses écrits. Sa lyre, dans son Iliade, montée par la main toute sanglante de Mars, suit l'intonation guerrière du poète, lorsqu'il chante les villes en proie aux flammes, les campagnes rougies par les flots de sang, et toutes les horreurs d'une guerre désastreuse qu'occasionna l'enlèvement de la belle Hélène. Nous n'envisagerons point ici Homère sous tous les rapports qui réveilleraient l'attention sur ce personnage que la Renommée, embouchant la trompette de la gloire, proclame à la vénération des siècles à mesure qu'ils sortent du néant pour y retomber. Nous bornant à l'offrir comme accessible au langage de la muse d'où dérivent les expressions de tendresse, nous citerons en preuve le passage suivant du cinquième livre de l'Odyssée, tel que l'a traduit Rochefort. Mercure arrivant à l'isle de Calypso par l'ordre du souverain des dieux, s'adresse à la nymphe pour lui redemander Ulysse. C'est alors que celle-ci manifeste toute la passion qu'elle nourrit pour le héros, en s'exprimant comme il suit :

Dieux cruels, dieux jaloux du bonheur des déesses,
Qui jadis de l'amour ont senti les faiblesses ;
C'est vous dont la fureur se renouvèle encore,
Pour ravir de mes bras cet amant que j'adore.
Ainsi l'Olympe entier me poursuit et m'envie
Le cœur de ce mortel dont j'ai sauvé la vie ;
Qui, lorsque le tonnerre eut frappé ses vaisseaux,
Seul avec leurs débris luttait contre les eaux ;
Qui, tandis qu'à mes yeux ses compagnons périrent,
Que près de mes écueils les flots les engloutirent,
Seul porté sur ces bords par les vents et la mer,
De mes soins complaisants fut l'objet le plus cher.
Hélas ! combien de fois je lui fis la promesse
D'éterniser ses jours ainsi que ma tendresse,
D'écarter loin de lui la vieillesse et la mort !

Les sentiments d'amour qui sont développés avec vigueur dans ce morceau, ont une touche de tendresse qu'on ne saurait trop admirer dans le suivant pris de l'Iliade. Il nous offre les impressions que fit Junon sur le dieu de la foudre au moment où, parée de la ceinture de Vénus, elle se présente à lui sur le mont Ida.

Jupiter la contemple, et ses sens enchantés
S'ouvrent à la chaleur des tendres voluptés;
D'un doux frémissement l'amour remplit son ame;
Il reconnaît l'ardeur dont il sentit la flamme,
Le premier jour qu'Hymen favorable à ses feux,
Vers le lit nuptial les conduisit tous deux.

C'est alors qu'épris de ses charmes, et cherchant à détourner la déesse qui voulait aller vers l'Océan et Thétis pour appaiser leurs différents, il lui adresse la parole en lui disant :

Venez, et vous livrant à des desirs plus chers,
Un moment dans mes bras oubliez l'univers.
Jamais, jusqu'à ce jour, jamais de tant de flammes
L'Amour, le tendre Amour n'avait atteint mon ame.
Les feux dont par ses soins mon cœur avait brûlé
Pour Latone ou Cérés, Alcmène ou Sémélé,
Pour tant d'autres beautés, déesses ou mortelles,
Étaient de son flambeau de faibles étincelles.
Vous-même dans mon cœur n'allumâtes jamais
De si brûlants desirs par vos divins attraits.

La déesse prude, pour raison, se

refuse à ses desirs, honteuse d'offrir à quelques dieux, qui pourraient les considérer du haut de l'olympe, des appas uniquement destinés à repaître la vue du souverain des dieux. C'est alors que celui-ci lui dit :

Ne craignez rien, Junon, des mortels ni des dieux;
Je saurai vous soustraire aux regards curieux.
Mes feux ménageront une épouse que j'aime;
Sous un nuage d'or ma puissance suprême,
Ne souffrant de témoins que les yeux de l'Amour,
Saura nous cacher même aux yeux du dieu du jour.
Il dit: impatient, enflammé de tendresse,
Il vole à son épouse et sur son sein la presse.

Suit un tableau bien digne de l'Albane, par la richesse et la fraîcheur de ses couleurs :

La terre complaisante et sensible à leurs feux,
D'un doux et frais gazon se couronne autour d'eux.
Le tapis émaillé s'élève et se colore
Des plus riches présents sortis du sein de Flore;
Et la molle hyacinthe et le lis orgueilleux,
Offrent aux deux époux un lit délicieux,
Que d'un nuage d'or l'ondoyante barrière
Dérobe à l'œil perçant du dieu de la lumière,

Tandis que la rosée en larmes de cristal
Tombait en humectant le trône impérial.

Une longue suite d'années s'écoula avant que le luth de Cythère fût touché par aucun des poètes qui succédèrent à Homère ; mais la tendre Sapho naquit, et bientôt, sous les doigts de cette cantatrice, ses cordes d'or résonnèrent du doux tourment d'amour.

Toute occupée de ses feux et du foyer où ils s'animaient, elle chanta Phaon, elle supplia Vénus et son fils de tourner en sa faveur les affections de ce jeune amant. Mais Phaon, d'abord sensible, devint bientôt indifférent; et l'indifférence, en pareil cas, est un nouvel aiguillon au cœur dont elle contrarie l'espoir. La lyre en main, la tendresse sur les lèvres, et le chagrin dans l'ame, la belle Sapho courait sur les traces de son fugitif amant, sans pouvoir réaliser aucune des jouissances qui pût tempérer la violence de son tourment.

Uritur infelix virgo totoque vagatur
Rure furens, qualis conjecta cerva sagitta
Quam procul incautam nemora inter Cresia fixit
Pastor agens telis liquitque volatile ferrum
Nescius. Illa fuga silvas saltusque peragrat
Dictœos; hœret lateri lethalis arundo.

En arrivant dans un lieu, elle chantait les plaisirs qu'elle croyait y trouver; deçue en le quittant, elle faisait résonner le rivage des langoureux accents que lui suggérait la fatalité de sa triste étoile. Que de morceaux intéressants dont se repaîtrait notre curiosité, s'ils nous eussent été transmis par la muse des Amours! Malheureusement il ne nous reste de cette rivale des neuf sœurs, que deux odes, une à Vénus, dans laquelle elle lui demande de lui ramener son amant qui fuyait de la Sicile. Celle-ci nous a été conservée par Denis d'Halicarnasse, un des plus savants rhéteurs de l'antiquité, qui l'a commentée pour faire sortir la beauté de chaque expression. Nous la soumettrons telle que l'a traduite monsieur Dacier dans sa version d'Anacréon.

O immortalis Venus ! cui tot ubique templa exstructa sunt; filia Jovis, quæ dolos et artes struis queis infelix amans luditur; veneror te, et oro ne quid damni mihi importes, neve mihi animum molestia ulla domes.

Sed huc favens et propitia venias si quando venisti : amanter autem vocem meam audias quam tu sæpe ante hoc exaudisti, cum, relictis aureis ædibus patris, ad me veniebas.

Juncto curru, lepidi autem celeresque passerculi te vehebant nigrantes alas crebro motu quatientes a cœlo per medium aera.

Qui cum te advexissent, repente abibant. Tu vero, o diva, vultu immortali arridens, percunctabaris quidnam esset quod ego passa fuissem, et quid causæ foret, quamobrem te advocarem.

Rogitabas prœterea quid præcipue

animo meo furenti fieri vellem, quem adolescentem suasionibus meis pellicerem aut quem retibus peterem; addens: « quis te, o Sapho, injuria afficit; quis tibi molestus est?

Si enim te nunc fugit ille, mox te sequetur; si dona accipere recusat, at aliquando dabit; sique minus amat nunc, propediem amabit, et quidquid volueris, faciet. »

Tu igitur, o dea, quœ animum dolentem iis verbis quondam solabaris, veni quoque, meque gravissimis œrumnis libera et quœcumque mihi animus cupit, perfice, ac mihi subveni.

Le morceau suivant offre toutes les beautés de cette ode sous le jour et dans un langage qui peut mieux les faire valoir.

O toi fille de l'onde, aimable enchanteresse;
Qui m'inspiras les plus beaux airs;
Toi qui pour temple as l'univers,
Charmante et trompeuse déesse,
O Vénus! si jamais du sein des immortels,
Sensible aux sons d'un luth harmonieux et tendre,

Tu souris à mes chants et te plus à m'entendre;
Si l'encens que ma main brûla sur tes autels
T'a du trône des airs fait quelquefois descendre,
Ne sois pas inflexible à mes tristes accents.
Aujourd'hui j'ai besoin de toute ta puissance;
Reviens, belle Vénus; sans toi, sans ta présence,
Je ne puis résister aux maux que je ressens.
Viens telle qu'autrefois deux jeunes tourterelles
T'ont dans un char brillant conduite près de moi.
Tu commandas à ces oiseaux fidèles
De te laisser seule avec moi;
Alors, avec un doux sourire:
« Sapho, que me veux-tu? parle, et dans ce moment
Je vais accorder tout ce que ton cœur desire.
Faut-il récompenser l'heureux et tendre amant
Que tu chéris et qui pour toi soupire?
Faut-il punir un inconstant,
Ou bien faut-il à ton empire
Soumettre un cœur indifférent?
Si quelqu'ingrat méprise ta tendresse,
Il va brûler pour toi du plus funeste amour;
Et s'il te fuit, tu le verras sans cesse
Avec ardeur te poursuivre à son tour.
Si ton volage amant, épris pour d'autres charmes,
A rompu ces liens qui faisaient ton bonheur,
Bientôt touché de tes allarmes,
Il viendra plus soumis te rapporter son cœur.
Mais si toujours tendre et fidèle
Ce mortel te rend seule heureuse sous sa loi,
Alors d'une chaîne éternelle
Je vais, Sapho, l'unir à toi. »

Belle Vénus, reviens encore
Accomplir ta promesse, et fais que dès ce jour
Le perfide amant que j'adore,
Aussi tendre que moi, reviène en ce séjour
Calmer l'ennui qui me dévore
Et me jurer un éternel amour.

La seconde ode est consacrée à une jeune Lesbienne dont elle était éprise. Son ame s'y fond dans une langueur délicieuse qu'excite la flamme dont elle brûle. Tout y est sentiment, chaleur, ivresse et volupté. Pour marquer l'excès de son amour, elle a su si bien faire choix des accidents qui succèdent à cette passion, que personnifiant ses sens, elle en fait autant d'individus près d'expirer. Elle y semble saisie des passions les plus contraires; elle gèle, elle brûle, elle extravague, elle revient à elle, et tout cela, non pour faire paraître une seule passion, mais bien pour manifester toutes celles qu'elle éprouve à la fois. C'est ce qu'on voit dans la traduction suivante de Dacier, prise de Longin qui nous l'a transmise.

« Celui qui est toujours près de toi, qui a le bonheur de t'entendre parler, de te voir rire d'une manière si agréable, jouit d'un bonheur qui égale son existence à celle des dieux. C'est ton rire, ta manière de parler, qui mettent le trouble dans mon ame; car sitôt que je te vois, la parole me manque, je deviens immobile, et un feu subtil se glisse dans mes veines; mes yeux se couvrent d'un nuage épais; je n'entends qu'un bruit confus; une sueur froide coule de tout mon corps; je tremble, je deviens pâle, je suis sans pouls et sans mouvement; enfin il me semble que je n'ai plus qu'un moment à vivre. »

Pour mieux sentir la beauté de ce morceau, il faut le lire dans l'original. « Sapho y peint, dit l'auteur du jeune Anacharsis, tout ce que la nature offre de plus riant; elle le peint avec les couleurs les mieux assorties, et ces couleurs elle sçait au besoin tellement les nuancer, qu'il en résulte toujours un heureux mélange d'ombres et de lumières. Son goût brille jusque dans le mécanisme de son style. Là, par un artifice qui ne sent jamais le travail, point de heurtements pénibles, point de chocs violents entre les éléments du langage, et l'oreille la plus délicate trouverait à peine, dans une pièce entière, quelques sons qu'elle voulût supprimer. Mais avec quelle force de génie nous entraîne-t-elle, lorsqu'elle décrit les charmes, les transports, et l'ivresse de l'amour ! quel tableau, quelle chaleur ! Dominée, comme la Pythie, par le dieu qui l'agite, elle jète sur le papier des expressions enflammées. Ses sentiments y tombent comme une grêle de traits, comme une pluie de feu qui va tout consumer. Tous les symptômes de cette passion s'animent et se personnifient pour exciter les plus fortes émotions dans nos ames. »

Catulle a transporté toutes les beautés de ce morceau dans la pièce suivante qu'il adresse à sa Lesbie.

Ille mi par esse deo videtur,
Ille, si fas est, superare divos,
Qui sedens adversus identidem te
Spectat et audit
Dulce ridentem, misero quod omnes
Eripit sensus mihi : nam simul te,
Lesbia, adspexi, nihil est super me
Voce loquendum :
Lingua sed torpet, tenuis sub artus
Flamma demanat, sonitu suopte
Tintinnant aures, gemina teguntur
Lumina nocte.

Si Sapho brillait par son génie, elle n'attirait point à elle par les avantages de son extérieur, et c'est ce qu'on peut croire d'après le témoignage d'Ovide, qui lui fait dire dans une de ses lettres qu'elle adresse à Phaon :

Si mihi difficilis formam natura negavit,
Ingenio formæ damna rependo meæ.
Sum brevis ; at nomen quod terras impleat omnes
Est mihi ; mensuram nominis ipsa fero.
Candida si non sum, placuit Cepheia Perseo,
Andromache patriæ fusca colore suæ.
Et variis albæ juguntur sæpe columbæ,
Et niger a viridi turtur amatur ave.

Quoi d'étonnant, d'après ce passage, qu'un amant sur la beauté duquel s'épuisèrent les faveurs de Vénus (1), ne la payât pas d'un égal retour d'amour?

On ne parlait plus dans la Grèce de feux, d'ardeurs et de flammes d'amour; à ces maux qui, s'isolant, se fixent sur les individus et les dessèchent sans porter atteinte à la masse générale, avaient succédé les torches, les lances et autres armes destructives, que la fureur des partis toujours renaissants, dès qu'elle

---

(1) On dit que cette déesse voulant un jour retourner en son isle, s'approcha du rivage où Phaon attendait un vent favorable pour mettre à la voile, et lui demanda d'une manière fort ingénue à passer sur son esquif sans payer. Le navigateur acquiesça à son desir; mais la mère des Amours ne le quitta point sans reconnaître sa générosité. Elle lui fit présent d'un vase d'albâtre plein de l'essence dont elle se parfumait, lui recommandant de s'en frotter. Il suivit le conseil de la déesse, et tout à coup il devint le plus beau des hommes.

commençait à s'éteindre, activait pour le malheur commun. Solon ayant été trop souvent témoin des désastres qu'amène avec lui le dieu bouillant des combats, avait, dans une élégie, détaillé à ses compatriotes toutes les causes qui attirent la ruine aux villes et la désolation aux campagnes ; il venait même d'établir de sages lois sous la garantie desquelles chacun renaissait à sa propre industrie. Ce fut dans cette agréable circonstance que parut Mimnerme pour publier une doctrine favorable au renouvellement des êtres que le fer et le feu avaient soustraits du rang des vivants.

Sa morale était celle en vogue ici, aujourd'hui que les évènements de la guerre tant intérieure qu'extérieure nous ont mis dans le cas d'apprendre par nous-mêmes les vérités que nous ont transmises sur les malheurs de ces temps, les historiens qui les ont détaillés dans leurs écrits. Cette morale est renfermée dans les vers suivants où il est censé dire :

Jouissons, le reste est chimère.
Le cours de nos ans va finir;
Le passé ne peut revenir;
Le présent ne se saisit guère,
Et tout se perd dans l'avenir.
Soins cuisants que l'erreur fit naître,
Fuyez, ne troublez point mes jours;
Je veux mourir sans vous connaître,
Entre Bacchus et les Amours.

Mimnerme fut constant dans ses principes; comme il aimait le plaisir, il s'endormait souvent dans les bras de la Volupté que Nano la belle tibicine savait lui rendre agréable et toujours nouvelle. Ah! dit-il, dans un fragment, le seul que nous ait conservé Stobée :

Que seraient sans l'amour le plaisir et la vie?
Puisse-t-elle m'être ravie,
Quand je perdrai le goût d'un mystère amoureux!
Cueillons la fleur de l'âge; elle est bientôt passée;
Le sexe n'y fait rien: la vieillesse glacée
Vient avec la laideur confondre la beauté.
L'homme alors est en proie aux soins, à la tristesse,
Haï des jeunes gens, des belles maltraité,
Du soleil à regret il souffre la clarté.
Voilà le sort de la vieillesse.

Mimnerme est le premier des poètes qui ait allié au style élégiaque l'expression des sentiments d'amour. Avant lui Callinus et Tirtée l'employaient pour exciter et entretenir la commisération sur quelques malheurs. Le poète eut recours à ce genre pour chanter Nano et les douces faveurs qu'elle lui accordait. En effet, par sa nature, il est le plus convenable au développement de la tendresse qui demande dans son débit une brièveté d'expressions les plus propres à la faire valoir. Comme, selon les règles que l'on a établies d'après lui, le sens de la phrase doit être complet à la fin du pentamètre qui suit les vers à six pieds, où la pensée commence à paraître; le genre élégiaque est convenable aux accents d'un cœur souffrant qui ne saurait envelopper la cause de ses douleurs dans une longue suite d'idées. En pareil cas :

La plaintive Élégie, en longs habits de deuil,
Sait, les cheveux épars, gémir sur un cercueil;

Elle peint des amants la joie et la tristesse,
Flatte, menace, irrite, appaise une maitresse.

« Mais, observe Lefèvre, un si bel effet ne se produit que par des machines qui font peu de bruit, et qui ne doivent être conduites que par un ingénieur sage et paisible. Le secret de l'élégie est de se soutenir par la douceur et par la régularité de ses mouvements, de mener les cœurs et non pas de les entraîner. » Nous ajouterons à ces avantages que la langue mère qui nous la transmit d'abord, est toute musicale ; que possédant tous les modes, elle a pour elle tout ce que la grace, le mouvement, la fécondité et la hardiesse peuvent faire éclore sous l'heureux mélange des accords, des sons et de la cadence. L'élégie ne se récitait jamais dans ces premiers temps qu'aux doux sons des flûtes qui donnaient à chaque césure l'intonation la plus convenable à l'expression du sentiment.

Le luth des Amours ainsi monté à l'unisson du mètre élégiaque, ne dut que frémir de tendresse sous les doigts savants qui en interrogeaient les cordes; aussi frémissait-il encore lorsque l'Ionie vit paraître à Théos le plus aimable nourisson qu'ait eu la sensible Erato. Naturellement éloigné de toute sévérité de mœurs, Anacréon souriait à la Volupté qui s'offrait à lui sous le plus agréable abandon. Apeine il sortait de ses bras qu'ivre des charmes qu'elle lui avait fait goûter, il prenait ses tablettes pour la chanter, pour chanter le dieu de la treille dont le jus pétillant animait ses accents. Quelle gloire ne se serait-il point acquise dans les siècles qui ont succédé et qui succèderont au sien, si, plus réservé dans ses goûts, il eût toujours porté ses offrandes sur l'autel qui les rend plus agréables à la déesse de Chypre? Sa muse toujours riante lui broye les couleurs les plus fraîches, pendant qu'il s'occupe à les distribuer sur ses tableaux avec cette douce aisance et cette molle fécondité qui dérivent de la vraie richesse. Si, par fois, elle lui suggère quelque idée morale, il en cache l'âpreté par des roses qu'il effeuille çà et là sur elle, de manière qu'on ne peut que les entrevoir. En vain l'on chercherait chez lui l'art, l'esprit, la touche enfin que demande Horace quand, dans une de ses satyres, il s'exprime comme il suit :

Sæpe stylum vertas, iterum quæ digna legi sint
Scripturus ; neque, te ut miretur turba, labores,
Contentus paucis lectoribus.

On ne trouverait rien de ce fini auquel le poète de Vénuse voulait qu'on aspire : son désordre part de l'agitation où sont ses sens : il est pour lui tout son brillant.

Comme il n'entre point dans notre plan de prouver ce que nous avançons par des citations prises de l'original, nous nous arrêterons sur son caractère qu'on trouve tracé d'après lui-même dans le morceau suivant :

Enivré d'un charmant délire,
Sur ce lit de myrtes jonché,
Je veux, nonchalament couché,
Boire, aimer, folâtrer et rire.
Amour ! enfant tendre et badin,
Viens, la chevelure tressée,
Et l'écharpe en nœud retroussée,
Me verser de ce jus divin.
Les ris ne seront plus d'usage
Dans le séjour du monument.
La vie, hélas ! n'est qu'un moment,
Ce char qui fuit en est l'image.
A quoi bon ces dons superflus
Dont on prétend cacher ma tombe ?
Amis, quand je ne serai plus,
Qu'aurai-je besoin d'hécatombe ?
Cependant, couronnés de fleurs,
Goûtons ces parfums enchanteurs.
Et toi qui m'as fait voir Clélie,
Amour, conduis-la sur ces bords :
Je veux avant de voir les morts,
Jouir du plaisir de la vie.

Quoi de plus joli, de plus frais que le charmant morceau qui suit, tel que l'offre le citoyen Anson dans sa traduction des odes de ce poète ?

Hirondelle, mon amie,
Aux approches de l'hiver

Je te vois passer la mer,
Prendre ton vol vers l'Asie,
Et jusqu'au fleuve fameux
Qui descend d'Éthiopie,
Du soleil suivre les feux.
Quand ici naît la verdure,
Tu viens sous un ciel plus doux,
Instruite pa rla nature,
Faire ton nid parmi nous:
Dans mon cœur toute l'année
L'Amour établit le sien;
La saison ne lui fait rien,
Et nombreuse est sa lignée.
Tandis que l'un prend l'essor,
L'autre naît à peine et sort
A moitié de sa coquille;
Un autre y repose encore.
Le plus grand de la famille
Alimente le moins fort
Qui bientôt deviendra père;
Mais ce qui me désespère,
C'est qu'ils font sans cesse un bruit,
Et qu'ils ont un appétit
Difficile à satisfaire;
Ils s'accroissent tous les jours;
Je ne sais plus comment faire
Pour suffire à tant d'amours.

Une des plus agréables compositions de cet auteur est l'hymne à la rose, qui offre tout ce qu'on peut dire de plus ingénieux sur cette charmante fleur. Laïs, dans les fins soupers que les Grecs appelaient Symposies, se plaisait à la chanter. Sa voix argentine, dont de jeunes esclaves suivaient les intonations avec leurs instruments à cordes, prenait alors une telle douceur qu'on s'imaginait entendre les délicieux accents des filles d'Acheloüs. Sivry a imité cette belle production dans le morceau suivant :

Que la Rose de Cythère
S'unisse aux dons de Bacchus ;
Brillez Rose printanière
Chère aux Ris, chère à Vénus.

La Rose est le tendre ouvrage
De l'Amour et du Printemps ;
La Rose reçoit l'hommage
Des autres fleurs des champs.

L'Hymen en sème les traces
De la jeune Volupté ;
L'Amour en pare les Graces
Et le sein de la beauté.

Bacchus, ornes en ma tête,
Et je vais, plein de tes feux,
Je vais danser à la fête
Que te consacrent les Jeux.

En disparaissant de dessus la scène, où les écrivains d'amour venaient jouer leur rôle, Anacréon laissa un très-long intermède, sans qu'aucun poëte se présentât pour occuper l'attention des amateurs en ce genre. Mais si les Grecs avaient à se plaindre sur ce profond silence, ils en furent amplement dédommagés par les chef-d'œuvres d'un autre genre. Eschyle, Euripide, Sophocle, ayant tour-à-tour chaussé le cothurne, attiraient l'admiration de leurs contemporains par le développement d'un nouvel art qui surprenait tous leurs sens. Or, pendant que l'opinion publique s'alimentait au récit des glorieux faits, pendant qu'elle prenait une nouvelle direction sous le jeu des acteurs qui s'étudiaient à la concentrer sur eux-mêmes, les douces affections du cœur ne pouvaient se faire jour au milieu de ces grandes commotions nécessaires au développement de l'action théâtrale alors en si grande vigueur.

Ainsi s'écoula une longue suite d'années jusqu'à ce que, semblable à l'aimable violette fleurissant à l'ombre amie des hauts chênes dont la vie a devancé la sienne, parut le philosophe Platon sous le dehors de la plus appréciable simplicité. Né avec l'imagination la plus féconde, il porta son hommage à Calliope et la suppliait de lui indiquer un chemin vers la gloire. Déjà il avait un recueil qu'il croyait devoir lui ouvrir les portes du brillant temple de Mémoire, lorsque lisant Homère il jeta son travail au feu.

Ergone supremo potuit vis improba nisu
Tam dirum celerare nefas? Ergo ivit in ignes,
Magnaque doctiloqui migravit musa pœtæ.

Mais a peine avait-il chaussé le cothurne, qu'un jet de lumière échappé des écoles de Socrate l'attira à ce divin vieillard, dont il devint le plus zélé partisan. Cependant le jeune philosophe, tout occupé qu'il était de la doctrine de son maître, n'en allait pas moins de temps à autre cueillir quelques roses dans les bosquets d'Idalie, pour, jetant en arrière de lui le manteau de la philosophie, les offrir à l'objet de ses desirs dont il cultivait l'esprit. Oui, disait-il à ce sujet aux confidents de son amour :

Lorsqu'Agathis, par un baiser de flamme
Consent à me payer des maux que j'ai sentis,
Sur mes lèvres soudain je sens venir mon ame
Qui veut passer sur celles d'Agathis.

Témoins encore de ses amoureux tourments, les vers qu'il adresse à Archéanasse, laquelle, même sur le déclin de l'âge, faisait naître la volupté, compagne du plaisir.

L'aimable Archéanasse a mérité ma foi;
Elle a des rides ; mais je voi

Une troupe d'Amours se jouer dans ces rides.
Vous qui pûtes la voir avant que ses appas
Eussent du cours des ans reçu ces petits vuides,
Ah! que ne souffrîtes vous pas?

Né pour se désaltérer à l'Hippocrène, Platon dut nécessairement dans tous ses écrits philosophiques, développer son génie naturel pour la poésie. « Aussi, dit Massieu, Platon est-il, après Homère, celui de tous les écrivains qui a porté le plus loin la magnificence des termes. A juger de son style, par la rapidité avec laquelle il coule, et par les expressions lumineuses dont il est plein, c'est plutôt de la poésie que de la prose. La touche de ce philosophe est tout-à-fait homérique. Ses ouvrages sont pleins d'allégories, témoin ce morceau où il donne des aîles à l'ame, comme Homère en donne à un char. Quant à la hardiesse des figures, il la poussait souvent jusqu'à l'audace. » Pour appuyer tout ce que nous avançons, nous citerons l'hymne suivante qu'il adresse à l'Amour, dans le dialogue intitulé *Socrate et Phèdre.*

« C'est à toi que j'adresse la parole, aimable dieu, qui amènes la paix aux humains; qui sais à ton gré appaiser les vents déchaînés sur les mers les plus noires, et répandant la sérénité sur leur surface, fais jouir des douceurs du sommeil le nautonnier qui fait voile sur elle. Tu appris aux premiers habitants de la terre les égards qu'ils se devaient réciproquement; et leur insinuant les sentiments de l'amitié sociale, tu en fis un peuple de frères. A la tête de la brillante jeunesse qui est dévouée à tes ordres, tu la conduis aux danses et aux sacrifices qui se célèbrent dans les grandes solemnités. Tu es favorable et bienfaisant à ceux qui t'invoquent du fond de leur cœur. Tu es admiré des sages, agréable aux dieux, l'objet des desirs à ceux qui ne te connaissent point encore, un trésor précieux à ceux qui te possèdent; de toi dérivent les délices, les charmes, les agréments et les voluptés. Tu prends part aux évènements heureux des bons, et tu couvres les méchants de tes mépris. Tu prends plaisir à secourir, protéger et gouverner les malheureux dans les circonstances fâcheuses de la vie. Enfin, comme tu es la gloire des dieux et des hommes, sois à jamais célébré dans des hymnes par ceux à qui tu enseignes les divins accents dont tu te sers pour répandre la douceur dans les cieux et sur la terre. »

Quel charmant tableau il offre à son lecteur dans ce même dialogue. « Dieux! le bel endroit, s'écrie Socrate. Comme ce platane si touffu est agréable à ma vue! Cet autre arbre ne la charme pas moins par la hauteur de sa cime et par l'épaisseur de son feuillage; les fleurs dont il est couvert répandent au loin un agréable parfum. Qui ne se plairait point au bord de cette fontaine d'où coule une eau si fraîche et si pure! Les offrandes dont son rocher est paré, indiquent qu'elle est consacrée aux Nymphes et au fleuve Achéloüs. Sentez-vous cet agréable zéphir qui, rafraîchissant l'air que nous respirons, mêle son souffle au chant harmonieux des cigales ? Mais ce qui met le comble aux charmes de ce beau lieu, c'est cette douce pente que la nature semble avoir exprès revêtue de gazon pour inviter ceux qui passent, à s'y reposer. Non, Phèdre, tu ne pouvais m'amener dans un endroit plus délicieux. »

Quand Breughel se surpasserait dans la richesse de ses couleurs et l'art de bien les employer, pourrait-il faire un tableau d'un fini qui l'emportât sur celui-ci ?

Ménandre, né à Athènes, fut regardé comme l'auteur de la nouvelle comédie parmi les Grecs. Il assaisonnait son style d'une plaisanterie douce, fine et délicate, sans s'écarter des règles de la bienséance. La muse d'amour ne lui fut point inconnue, si l'on en juge par le fragment suivant qu'on doit à Apulée :

Amare liceat, si potiri non licet.
Fruantur alii : non moror, non sum invidus ;]
Nam sese excruciat qui beatis invidet.
Quos Venus amavit, fecit amoris compotes.
Nobis Cupido velle dat, posse abnegat :
Olli purpurea delibantes oscula
Clementi morsu rosea labella vellicent ;
Malas odorent ore et ingenuas genas,
Et papillarum nitidas geminas gemmulas.
Quin et cum tenera membra molli lectulo,
Cum pectora molli adhærent Veneris glutino,
Libido cum lascivia classicum excitat,
Sinuantque cossim femina, feminæ
Inter gannitus et subantis voculas
Carpant papillas atque amplexus intiment,
Arentque sulcos molles arvo venereo,
Thyrsumque pangant hortulo in Cupidinis :
Dent crebros ictus connivente lumine
Trepidante cursu, Venere et anima fessula
Ejaculent tepidum rorem imis laticibus,
Hœc illi faciant queis Venus non invidet.
At nobis casso saltem delectamine
Amare liceat, si potiri non licet.

Tout sujet s'épuise sous une plume ordinaire ; mais quelqu'épuisé qu'il semble être, il se revêt d'une forme nouvelle, et plaît encore en se reproduisant sous l'empreinte du vrai génie. C'est ainsi que la passion si bien développée sous la touche des auteurs dont nous venons de parler, prend une toute autre teinte sous celle de Théocrite qui vint long-temps après eux, sous Ptolomée Philadelphe. Ce poète, vivant à Syracuse au milieu des troupeaux errants dans les riantes prairies de la Sicile, abandonna le luth pour les pipeaux, et chantant les mœurs des bergers qui les gardaient, il fut bientôt entraîné à chanter leurs amours. Naïfs et simples dans l'expression de leurs sentiments, ils parurent sous les traits qu'il sut leur donner avec tout le dehors propre à les mieux caractériser. La muse de Théocrite est vraiment aimable ; elle respire l'ingénuité, la sensibilité, la douceur et l'affection ; enfin c'est la candeur personnifiée. A ce sujet, un auteur, dont nous ignorons le nom, a dit :

J'ai souvent entendu les concerts enchanteurs
Des plus tendres oiseaux, des plus doctes pasteurs ;
Mais tous leurs sons n'ont point une douceur pareille
Aux vers dont cet auteur a charmé mon oreille.

En preuve de ce que nous alléguons, nous citerons le morceau suivant ; c'est le discours que tient un Cyclope à Galatée. On en doit la traduction à l'abbé Lebatteux.

« O charmante Galatée ! pourquoi rejetez-vous un cœur qui vous aime ? Vous êtes plus blanche que le lait, plus tendre qu'un agneau, plus légère qu'une génisse qui bondit ; mais plus âpre que le raisin verd. Vous venez ici quand le doux sommeil m'a fermé les yeux ; et quand il m'abandonne vous fuyez comme la timide brebis à la vue d'un loup cruel. Je commençai à vous aimer lorsque vous vîntes avec ma mère cueillir des fleurs d'hyacinthe sur la montagne. C'était moi qui vous conduisais, et depuis ce temps-là je n'ai pas cessé de vous aimer. Je vous aime encore, mais vous n'en êtes pas touchée. Je sais pourquoi vous me fuyez, je le sais ; c'est parce que j'ai un sourcil hérissé qui me couvre tout le front et qui descend jusqu'à mes oreilles. C'est parce que je n'ai qu'un œil , et qu'un nez large me tombe sur les lèvres. Mais aussi , tel que je suis , je fais paître un troupeau de mille brebis dont je bois le lait délicieux. Dans l'été , en automne , dans la plus rigoureuse saison , j'ai toujours des fromages frais : mes éclisses sont toujours pleines. Il n'est aucun Cyclope qui joue mieux que moi du chalumeau ; souvent je chante vos attraits et mes peines jusqu'au milieu de la nuit. Je vous nourris onze chèvres qui feront toutes des petits , et quatre jolis oursons. Venez me voir , vous les aurez tous. Quittez les flots , Galatée , laissez-les se briser contre le rivage. Ma grotte est ombragée de lauriers et de hauts cyprès ; elle est tapissée de lierre et de pampres mêlés de raisins. Une fontaine , formée par les neiges fondues des forêts de l'Ethna , y apporte une eau digne d'abreuver les immortels. Peut-on préférer la mer et les flots à des lieux si riants ? Si je vous paraîs trop hérissé, j'ai du bois, et du feu qui vit sous la cendre. Je souffrirai tout ; vous brûlerez mon œil si vous le voulez, mon œil unique, ce que j'ai au monde de plus précieux. Que ne puis-je vous suivre dans les eaux, j'irais vous offrir tantôt des lis, tantôt des pavots vermeils. Sortez des ondes, Galatée, sortez, et quand vous serez sortie, oubliez, comme je le fais ici, de retourner dans votre demeure. Venez, nous ferons paître ensemble les troupeaux. Vous tirerez le lait des brebis, vous presserez le fromage...Cyclope, Cyclope, malheureux, qu'est devenu ton esprit ! Tu ferais beaucoup mieux de tresser l'osier et de cueillir des feuillages pour tes agneaux. Jouis de ce que tu as sans desirer ce que tu ne peux avoir. »

L'Idylle suivante, qui est la douzième, offre tous les agréments de l'esprit unis à la tendresse, et par cela même elle s'éloigne tellement du genre adopté par le poète, que plusieurs écrivains ont pensé qu'elle ne lui appartenait point. Longepierre, qui n'est point de leur avis, en a donné la traduction telle qu'elle suit :

Te voilà donc enfin, objet de ma tendresse,
Après trois jours entiers d'absence et de tristesse.
Après trois jours entiers ! trois jours ! le terme est court;
Mais hélas ! les amants vieillissent en un jour.
Quel plaisir de se voir, quand l'ardeur est bien forte !
Autant que sur un gland une pomme l'emporte,
Le printemps sur l'hiver, la brebis sur l'agneau ;
Autant qu'un faon léger court plus vîte qu'un veau ;
Autant qu'en sa jeunesse une fille agréable
A quelque vieille veuve est en tout préférable,
Et que le rossignol surpasse par sa voix
Les plus tendres accents des hôtes de nos bois,
Autant par ton retour tu as charmé mon ame ;
Et j'ai volé vers toi plein de joie et de flamme,
Ainsi qu'un voyageur cherchant l'ombre et le frais,
Pendant l'ardeur du jour court vers un hêtre épais.
Puissent les doux Amours, à mes vœux favorables,
Nous unir tendrement des nœuds les plus durables !
Et puisse notre ardeur et nos noms devenir
L'entretien et les chants des mortels à venir !

Oui, qu'ils disent de nous : « Une ardeur mutuelle
Unit sous un seul joug ce couple si fidelle.
Dans ce vrai siècle d'or, ah ! qu'on était heureux
D'être aimé tendrement aussitôt qu'amoureux ! »
Puisse, ô père des dieux ! puisse, ô troupe immortelle !
Ce digne prix attendre une flamme si belle !

A peine Théocrite cessait de faire résonner les bois et les prairies du doux langage qu'on parla toujours à Paphos, que Philétas reprit le luth et chanta les amoureux tourments, avec ce sentiment dont furent autrefois pénétrés Sapho et l'aimable Anacréon. Ce poète, né à Cos, vécut avec Callimaque à la cour de Ptolomée Philadelphe, et lorsqu'il était fatigué du tracas des affaires auxquelles il donnait son temps, il venait soupirer près de Battis, c'est-à-dire se nourrir d'un amour qui distillait bientôt après de sa plume. La succession des siècles, en éloignant de nous tout ce qui est relatif à ce personnage distingué, nous prive de tous les moyens de pouvoir le louer. Il fit place à Bion, dont

La lyre ne chantait que les tendres langueurs,
Les soupirs des bergers, le trouble des bergères,
Les doux jeux de l'Amour, ses peines passagères,
Ses combats, sa victoire, et sur-tout ses faveurs.

L'Idylle intitulée *Oaristys*, offre un morceau plein d'expressions de tendresse ; c'est un colloque entre Daphnis et Chloris, où ils se peignent leurs naturels tourments. Il finit bien ingénieusement sans blesser la modestie. L'amant ayant ôté la ceinture à celle qui excite en lui la plus vive ardeur, aussitôt il s'écrie :

. . . . O trop précieux gage !
Vénus, Amour, Hymen, acceptez-en l'hommage!

Les funérailles d'Adonis sont d'une poésie achevée dans le descriptif comme dans le sentimental. Nous prouverons ce que nous avançons par le passage suivant que nous offre la traduction de Sivry. Vénus, près de son amant qui meurt, est toute éperdue :

Adonis !.... ah, Vénus! ô regrets superflus !
Echo, la triste Echo t'apprend qu'il ne vit plus.

Hélas! à ta douleur qui n'eût donné des larmes,
Quand tu vis Adonis, l'objet de tes allarmes,
Adonis, ton amant, Adonis ton époux,
Sur l'arêne étendu, percé de tristes coups?
Tu lui tendais les bras; ta voix plaintive
Rappelait, mais en vain, son ame fugitive.
« Arrête, cher amant! me fuis-tu pour toujours?
Te perdrais-je, Adonis? Adonis, mes amours!
Reçois du moins avant ce baiser plein de flamme;
Laisse-moi recueillir les restes de ton ame.
Reviens, cher Adonis, et, par un tendre effort,
Mêle encore un soupir à ce dernier transport.
La bouche sur ta bouche, et l'œil sur ta paupière,
Ton ame dans mon cœur volera toute entière.
Dans tes soupirs mourants je confondrai mes feux;
Je vivrai malheureuse et tu mourras heureux.
O baisers précieux! ô volupté suprême!
Ils vivront dans mon cœur à l'égal de moi-même. »

Enfin aux auteurs de ces ouvrages bien dignes de la postérité, succédèrent nombre d'autres qui donnèrent plusieurs morceaux et autres pièces détachées qu'on trouve dans l'Anthologie grèque, où ils nous ont été conservés. Tel est le suivant sur Laïs, qu'on doit à Antipater le Sidonien.

« Je la possède cette citoyenne de Corynthe, cette Laïs qui faisait ses délices de l'or, de la pourpre, des vêtements les plus somptueux, et surtout de l'amour; elle qui était plus voluptueuse que Vénus, plus blanche que l'eau transparente de Pirène; c'était la Vénus de la terre. Que d'amants magnifiques ont prodigué leurs trésors pour ses faveurs, et cueilli dans ses bras les fleurs du plaisir! La fille de Tyndare en eut mille fois moins. Des parfums émanent de sa tombe. Sa bouche semble encore imbibée d'une odeur délicieuse, et ses cheveux exhalent l'encens le plus pur. Vénus désolée de sa mort, frappait son front divin, et l'amour sanglotant poussait les gémissements les plus douloureux. Hélas! si elle n'eût pas fait un commerce honteux de ses appas, la Grèce aurait volontiers, pour elle, essuyé les mêmes travaux qu'elle entreprit pour Hélène.»

La Libation, l'Amant réfléchi, la Situation embarrassante, les Faveurs du sommeil d'Agathias et de Méléagre, le Baiser et les Souhaits d'Asclépiade, l'Amour endormi de Statylius, l'Amant transi, l'Amant satisfait de Philodème, sont, entre plusieurs autres, autant de morceaux marqués au coin du bon genre.

La poésie érotique des Grecs, telle que nous l'ont transmise les auteurs sur lesquels jusqu'ici nous avons donné quelques détails, est toute fondée sur les idées mythologiques qu'ils s'étaient formées sur la divinité, comme l'étaient toutes leurs productions en peinture et en sculpture. Ces idées, qui servaient de base au culte et conséquemment à la croyance du peuple, avaient eu leur berceau à Memphis où les philosophes grecs allèrent les y puiser. Épris de la sublime image d'un dieu créateur et conservateur, dont ils avaient pris quelques connaissances en voyageant chez les Assyriens et les Egyptiens, d'un dieu qui, couvant le monde, portait un oeil pénétrant dans les espaces les plus éloignés que devait occuper le produit de son incubation, ils l'offrirent à leurs contemporains sous les traits majestueux propres à répondre à sa haute puissance. Mais ces idées pures furent bientôt souillées par les excès où conduisit l'adulation. Ainsi, partageant les honneurs de la divinité avec le créateur auquel il devait son existence, le mortel puissant et audacieux qui avait favorisé les vices de ceux qu'il gouvernait, fut placé dans l'olympe avec des foudres qui portaient l'épouvante sur le faible. Celui qui affronta la mer en courroux pour aller porter au loin la destruction, fut Neptune. L'homme qui forgea au feu de ses ardents fourneaux le javelot de la mort, fut le dieu des enfers ; le soldat qui le premier le lança pour le malheur des humains, fut l'impitoyable Mars. Le rusé dont les fourberies furent utiles au puissant qui sut les employer, fut le messager aux talonnières d'or. La divinité qui vint adoucir le sort des mortels par le bienfait des arts et des sciences, fut celle qu'on nomma Minerve. Enfin, la courtisane qui passa pour faire éprouver les plus brulantes jouissances, fut la voluptueuse Vénus. Les premiers pères de la mythologie ne s'en tinrent pas à ces idées premières ; ils lièrent bientôt ces divinités par un intérêt mutuel et leur firent tenir leur assemblée dans les cieux. En se rendant au lieu de leur juridiction, elles visitaient les habitants de la terre dont elles ne dédaignaient point l'encens, encore moins les caresses : de là cette lignée de déités subalternes ou demi-dieux qui, suivant l'exemple de leurs procréateurs, offrirent une suite de faits d'autant plus brillants dans leur histoire, que les poètes d'alors les revêtaient à l'envi des riches ornements de leur féconde imagination.

La belle Erato, l'aimable muse à qui l'on doit tout ce que les poètes grecs ont dit sur les douces affections du cœur, commençait à se déplaire chez un peuple où elle ne trouvait plus cette tranquillité propre à nourrir ses tendres inspirations. L'Ionie et les autres colonies grèques avaient été ravagées par les Mèdes et les Perses ; déjà ces derniers avaient affronté la périlleuse barrière que l'Égée mettait entre eux et leurs ennemis, pour les attaquer par les moyens de destruction que leur suggérait la haine. Chaque canton de la Grèce, tout occupé de sa conservation, fournissait une force armée pour repousser l'ennemi qui ramenait avec opiniâtreté ses armes meurtrières, dès qu'il avait repris une nouvelle force. Était-on en sûreté à l'extérieur, les guerres qui s'élevaient entre les petites républiques du territoire commun, sur une haine ineffaçable de rivalité, faisait forger de nouvelles armes destinées à la destruction.

Déjà les Romains envieux de soumettre un peuple guerrier sur qui s'étaient épuisés les efforts des dominateurs de l'Asie, harcelaient de toutes parts leurs flottes et leurs frontières. Le fort commençait à opprimer le faible, sans qu'aucune puissance alliée n'aidât à repousser les attaques de l'agresseur. Dans ces temps on n'avait point encore établi entre le pouvoir de chaque peuple, aucune balance qui, maintenant l'existence de chacun, rendait chacun responsable des attaques d'un gouvernement trop remuant et avide de conquêtes.

On combattait pour asservir et non pour maintenir son existence dans la conservation de ses droits. Déjà la Britannie, l'Ibérie, les Gaules, la Germanie, l'Égypte, la Numidie pouvaient être regardées comme provinces romaines, et la Grèce à peine avait reçu quelques atteintes, lorsqu'enfin Athènes fut prise par Sylla, et bientôt cette contrée céda elle-même au pouvoir d'un vainqueur si redoutable. Ainsi les Grecs, tombant sous le joug d'un peuple fort de sa sobriété, éprouvèrent à leur tour le sort des Perses et des Mèdes qu'ils avaient tant de fois vaincus. Aimable contrée qui produisis tant de sages, de héros, de savants et d'artistes en tout genre, tu disparus de même qu'un songe, laissant aux philosophes voyageurs les monuments de ton sol, qui indiquent encore quelle fut autrefois ta gloire ! Mais la Grèce, sous le pouvoir de son plus cruel ennemi, n'en fut pas moins victorieuse dans les fers. Ce que la force ne put faire sur les aigles romaines, les arts, les sciences et la poésie l'effectuèrent sur ces coeurs endurcis aux combats. N'ayant plus de peuples à dompter, les Romains, dans leurs propres murs, cédèrent à leur tour au pouvoir des Grecs qui passèrent à Rome pour y vivre de leur industrie. Cette industrie s'étendait sur tout ; c'était le caractère de la nation qui, transplantée dans les pays étrangers, tentait tous les moyens pour améliorer son existence. Aussi à cet égard Juvenal disait-il :

. . . . *Quemvis hominem secum attulit ad nos,*
Grammaticus, rhetor, geometres, pictor, aliptes,

Augur, schœnobates, medicus, magus, omnia novit.
Græculus esuriens, in cœlum, jusseris, ibit.
Ad summum non Maurus erat, nec Sarmata, nec Thrax
Qui sumpsit pennas, mediis sed natus Athenis.

Déjà les grands ouvrages de cette nation étaient connus à Rome : la langue grèque entrait dans le plan de l'éducation comme naguère ici la latine. Avant même que la contrée où elle se parlait, fût soumise, la jeunesse allait y perfectionner son éducation dans tous les genres. On ne doit point s'étonner que les Romains qui, jusque là, n'avaient connu que l'art de conquérir, pensant enfin à jouir, se tournassent vers les Grecs pour en obtenir les moyens. Demandaient-ils des monuments qui éternisassent leur gloire, Sparte, Athènes et Corynthe leur en offraient les plus beaux modèles, et des artistes grecs passaient chez eux pour les leur élever. Voulaient-ils des images de leurs dieux, de leurs héros, pour soumettre aux yeux les objets de leur croyance et les auteurs de leur gloire, les successeurs des Phydias, des Apelles les faisaient vivre sur le marbre ou sur la toile. La mythologie de ces anciens, ajustée aux idées religieuses de leurs vainqueurs, devint un moyen de nourrir la poésie pour ceux des Romains, qui, dès lors s'y adonnèrent. Insensiblement à l'âpreté de caractère qui constitue le soldat, succédait la politesse et l'urbanité, qui suivent toujours le repos des armes. L'ame d'Empédocle passa chez Lucrèce ; Virgile évoqua tour à tour celles d'Homère, d'Hésiode et de Théocrite ; dans Varius et Pacuvius on vit renaître Eschyle, Sophocle et Eurypide. Sapho, Mimnerme et Philétas reparurent dans Catulle, Ovide, Gallus, Properce et Tibulle. Horace rappela et soutint la gloire que lui avaient transmise Alcman, Alcée, Stésichore, Pindare, et l'aimable Anacréon. Ainsi les successeurs, travaillant sur les meilleurs modèles, nous ont laissé des chef-d'œuvres qui nous dédommagent en quelque façon des modèles disparus du temple de Mémoire.

Insensiblement aussi la langue se formait en s'enrichissant des termes les plus propres à faire valoir la nouvelle direction que prenaient les opinions et les moeurs. Ce mélange rude et grotesque de Celte, de Pélasge et d'Etrusque fit place à un style choisi, épuré et figuré, que les auteurs et les orateurs prenaient des Grecs à mesure que les rapports se formaient et se consolidaient entre les deux nations. Enfin, ceux qui partout avaient eu des armes victorieuses, voulurent avoir un langage mâle et aussi brillant que leurs victoires, et ils réussirent complettement, comme le prouve l'emploi qu'on en fit et qu'on en fait encore aujourd'hui dans les universités savantes de l'Europe, depuis si long-temps qu'ils sont anéantis sous le sol qui les vit naître.

Ennius commença par fouiller la mine et la dégager de sa gangue. Lucrèce et Plaute la mirent au lavoir pour la dégager de toute matière qui lui était étrangère, et enfin Térence, Virgile, Horace et Cicéron la soumirent au creuset pour en tirer le métal tout brillant et digne de l'attention des hommes, au temps d'Auguste, où la langue était la plus pure.

La langue était alors si différente de ce qu'elle fut dans son origine, que les prêtres, dit Quintilien, entendaient à peine les hymnes que leurs ancêtres avaient composées à Rome, pour être chantées dans les temples et les cérémonies religieuses. Néanmoins si les Romains reçurent des Grecs un grand nombre de mots, et s'ils prirent les Athéniens pour modèle dans l'art de les coordonner, ce ne fut pas sans quelques altérations fondées sur le génie et le caractère de deux nations si dissemblables. En vain l'oreille demandait à Rome les inflexions douces et sonores que donnaient les nombreuses voyelles au langage qui se parlait dans l'Attique; en vain elle attendait l'abondance, la mélodie unies à la hardiesse des figures ; la pompe du style, pour répondre à la gloire des conquérants, voilà tout ce qui les dédommageait dans les changements qu'éprouva leur langue première. Mais insensiblement cette langue parvint à un assez haut degré de perfection dans les siècles suivants pour mériter encore des hommages. Les grammairiens qui enseignèrent la jeunesse, insistaient sur la propriété de chaque lettre, sur la prononciation de diverses syllabes. Ils faisaient sentir à leurs élèves les agréments de la consonance, et assortissant les mots, les rapprochant ou les désunissant, ils leur faisaient voir la valeur des sons, le rhythme, la modulation et tout ce qui a rapport à l'harmonie imitative. On trouve la preuve de tout ce que nous avançons sur ce point, dans les ouvrages de Cicéron et Quintilien. Ce dernier auteur, malgré toutes les perfections qu'il a voulu répandre sur sa langue, avoue cependant que ses efforts ont été impuissants à l'égard des accents qui ont toujours conservé une rudesse, indice d'une âpreté primitive.

Un autre inconvénient, observe le même auteur, est le manque de noms propres à caractériser certaines choses; de manière que, quand il s'agit de les rendre, il faut recourir à des métaphores ou à des circonlocutions. Beaucoup aussi n'ont qu'une dénomination, de sorte que quand il s'agit de les rendre, on retombe toujours sur le même nom, ce qui rend le langage vicieux. L'indigence n'est pas si frappante à l'égard des Grecs qui ont plusieurs synonimes, et d'ailleurs divers dialectes infiniment utiles sous le rapport poétique. Néanmoins, cessant toute comparaison entre la langue des Romains et celle des Grecs, pour nous en tenir aux beautés que la première peut avoir dans son état d'isolement, elle en offre encore infiniment plus que n'en ont les langues vivantes dont elle est la mère. Elle a, dans Virgile, une facilité qui la fait céder à tous les mouvements de l'ame. Energique dans Lucrèce, elle répond à la sublimité de ses hautes idées. Vive et passionnée dans Catulle, elle inspire le délire d'amour. Tantôt majestueuse, d'autres fois tendre, enjouée ou fine, elle se ploye à toute la délicatesse du sentiment dans Horace. Elle devient spirituelle, fleurie, souvent touchante et féconde dans Ovide, selon les circonstances dont il sait profiter. Elle quitte sa noblesse et sa grandeur dans Properce, pour devenir élégante et polie dans Tibulle. Mâle, ardente et impétueuse, elle éclate dans Juvénal. Elle prend du brillant, de la pompe et une sorte de fierté dans Lucain et Stace. Enfin elle revêt tous les caractères de la simplicité et de la concision dans Phèdre.

Le genre élégiaque, en passant des Grecs aux Latins, amena avec lui la mesure hexamétrique et pentamétrique, dont la marche claudicante imite assez le repos qu'occasionnent le soupir et les interjections dans l'expression de la douleur à laquelle il fut d'abord consacré. Les Latins, plus hardis que les Grecs, usèrent fréquemment du droit qu'ils avaient de faire des transpositions, c'est-à-dire de déplacer un mot du lieu où naturellement il devrait être, pour le ranger ailleurs où il pût faire un effet plus harmonieux. Ces transpositions, en rendant le vers plus gracieux, lui dônnaient en même temps plus de force, rendaient sa marche plus aisée, et donnaient aux images un coloris plus agréable en variant les sons et les rendant plus moëleux. Les poètes latins qui soignèrent leur style, portèrent une attention toute particulière à ce que les Grecs nommaient le rhythme et qu'eux désignèrent sous la dénomination de *numerus*. Il résultait d'un mélange savamment fait des syllabes brèves et longues, de manière à former le meilleur effet avec l'idée qu'offrait le sujet. Ainsi, en rendant le vers sonore, le rhythme animait l'objet qu'on voulait peindre , en lui donnant pour ainsi dire le sentiment.

Catulle fut le premier des poètes connus, qui, sur le Parnasse, chercha des roses pour en faire hommage à l'Amour et à sa mère. Il se distingua dès son coup d'essai. Aussi :

Les traits de son heureux pinceau
Plairont toujours, et, de races en races,
Vivront gravés dans les fastes des Graces.

Ses tableaux dans le genre érotique, offrent toute la sensibilité d'un cœur fait pour aimer. En s'adressant à la belle dont il reçut les premières atteintes, il lui dit :

Ne vivons que pour aimer,
Et laissons murmurer la vieillesse ennemie;
Occupons-nous sans cesse, ô ma chère Lesbie,
Du bonheur de nous enflammer.

L'astre qui répand sa lumière
Finit et recommence également son cours ;
Et quand la mort nous frappe, hélas! c'est pour toujours
Qu'elle nous ferme la paupière.

Profitons du jour qui nous luit ;
Donne-moi cent baisers, donne-m'en mille encore:
Confondons-les ensemble, et que l'envie ignore
Le charme heureux qui nous séduit.

Qu'un impénétrable mystère
Jète sur nos plaisirs un voile officieux :
Ils doivent à l'Amour leur prix délicieux ;
Que son flambeau seul les éclaire.

Dans nos tendres égarements
Embrassons-nous aux yeux de tout ce qui respire ;
Jaloux de nos baisers, un témoin peut nous nuire
Par les plus noirs enchantements.

Aimer c'est vivre, ô ma Lesbie !
Jurons-nous que nos feux ne s'éteindront jamais ;
Et donnons à l'Amour, jaloux de ses bienfaits,
Tous les moments de notre vie.

Insensiblement la muse de Catulle, qui ne lui inspirait que de tendres sentiments pour cette Lesbie, devient libre dans les propos qu'elle lui suggère, lorsqu'il se tourne vers Ipsitille; tant l'amour perd de sa pureté quand il n'est point guidé par le sentiment de la modestie et de la pudeur qui lui donne un si grand prix! On est étonné qu'après les charmantes dénominations de *meœ deliciœ*, *mei lepores*, et autres paroles de douceurs que le poète employe pour obtenir de cette belle un rendez-vous, la dissuadant de sortir, il continue :

Sed domi maneas, paresque nobis
Novem continuas fututiones.
Verum, si quid ages, statim jubeto :
Nam pransus jaceo, et satur supinus
Pertundo tunicamque palliumque.

Nous savons, d'après les relations que l'histoire nous a conservées des moeurs de Rome, que ces expressions ne choquaient pas les oreilles indulgentes des dames qui habitaient cette capitale du monde ; mais la décence qui est de tout temps et de tout pays, n'en a pas moins raison de rejeter cette singulière manière d'exprimer l'excès de son amour.

Du moment que, sous le joug de l'aimable Érato, Catulle eut parlé un langage aussi grossier, celle-ci, étonnée que ses divines inspirations eussent un aussi libre interprète, s'éloigna bientôt de lui et même de l'Italie, et ce ne fut que long-temps après qu'elle aborda l'Aquitaine pour voler à Gallus qui, alors, vivait à Fréjus. Une traduction d'Euphorion, poète grec lui valut les premiers regards d'Auguste, et bientôt ce jeune favori des Muses sortit de l'obscurité. C'était le moment où le dieu Mars reportait des armes désormais inutiles aux forges de Vulcain, où elles devaient recevoir une nouvelle trempe pour une guerre suivante. Minerve, toute joyeuse des avantages que lui allait procurer la paix, reparaissait avec son cortège de savants en tout genre, qui, n'ayant vécu que de privations pendant les troubles, se félicitaient sur l'essor qu'allait avoir leur génie. Combien ce prince sut profiter de sa gloire en s'entourant ainsi des poètes qui pouvaient l'étendre jusques dans les siècles les plus reculés ! Il fixa Gallus près de lui, et ses largesses firent jouir ce jeune élève de cette aisance si propre à mûrir les fruits du génie. C'est alors que, nourrissant en son cœur une douce flamme pour la belle Cythéris, affranchie de Volumnius, que Virgile chanta sous le nom de Lycoris, il composa pour elle, au dire de Servius le grammairien, quatre livres si sublimes, que sa gloire fut à son comble. La douceur de sa muse lui attira l'amitié de Virgile qui, dans une de ses éclogues, le console sur l'inconstance de sa belle.

Il le suppose au milieu des champs, s'adressant à des bergers près d'un bois épais :

Pasteurs de l'Arcadie, arbitres des airs tendres,
Bientôt vous donnerez un asyle à mes cendres;
Mon ombre chez les morts descendra sans regrets,
Si vous éternisez mon nom dans vos forêts.
Hélas! de mon destin que ne suis-je le maître!
Sous vos paisibles toits si le ciel m'eût fait naître,
Je chérirais encor le lieu de mon berceau,
Dans vos champs où l'amour a creusé mon tombeau.

Bientôt l'amant malheureux, emporté

par la violence de son amour, s'écrie :

Que ne puis-je me fuir! dans les antres des ours
Allons ensévelir et ma flamme et mes jours !
Là, cachant, puisque l'ingrate m'est ravie,
Le reste infructueux d'une mourante vie,
Mon cœur de son tourment fera son seul emploi;
Je chercherai des bois aussi tristes que moi.

Enfin, s'adressant à son ingrate, il lui dit avec vivacité :

Viens, suis-moi, Lycoris... Ah, ciel! que dis-je encore!
Quel nom m'échappe! Amour, en vain donc je t'abhorre!
Dieu cruel ! n'est-il plus d'asyle sous les cieux
Qui dérobe mon cœur à tes traits rigoureux!
Par-tout je te retrouve, aux antres des montagnes,
Sous les drapeaux de Mars, dans la paix des campagnes.
Fuyez! portez ailleurs vos charmes superflus :
Bergers, chasseurs, guerriers, vous ne me charmez plus.

Après avoir dignement rempli sa tâche dans la carrière des lettres, et s'être distingué sous les étendards de Mars, Gallus, dans la force de son âge, porta sur lui les armes violentes du désespoir, et avec lui disparurent de dessus le Parnasse les fruits d'une muse qui étaient d'une rare excellence, si l'on s'en rapporte à Virgile qui l'eut pour ami et le pleura amèrement. On cite comme de lui quelques morceaux échappés à l'obscurité des temps, notamment un qu'il adresse à sa Lydie :

« Lydie, belle Lydie ! toi qui es plus blanche que le lait, que le lis qui s'entrouvre dans nos parterres, que l'ivoire de l'Inde, et même plus que la rose blanche ; plus rose que la rose pourprée ; oh ! étale-moi ces beaux cheveux blonds, aussi brillants que l'or peut l'être ; montre-moi ce beau cou si bien placé sur tes épaules de neige ; ne me cache point ces beaux yeux qui brillent comme deux étoiles sous l'arc de tes deux sourcils noirs ; que je les voye ces joues de roses où semble s'étendre le pourpre de Sidon ; tends-moi tes lèvres, tes lèvres couleur de corail ; donne-moi ces baisers de colombe, et avec eux pompe toute mon ame. Comme ils pénètrent bien mon coeur, tes doux baisers ! C'est le plus pur de mon sang qu'ils attirent. Voudrais-tu me cacher ces deux pommes d'albâtre et leur joli bouton, d'où jaillit ce lait du délice ; c'est le parfum le plus pur de la myrrhe que ton sein exhale. Cache-le donc ce sein dont la blancheur m'irrite, dont la neige divine m'enchante. Cruelle ! ne vois-tu pas combien je languis ; eh bien ! c'est donc à demi-mort que tu m'abandonnes ! »

Le Parnasse était inconsolable de la perte qu'il avait faite, quand Apollon, compatissant à sa juste douleur, regarda avec encore plus de complaisance Virgile qui s'offrait pour l'en dédommager. Si l'histoire est silencieuse sur les amours de cet illustre poète, en doit-on conclure qu'il eut un cœur impénétrable aux flèches du fils de Vénus, dont lui-même reconnaît le pouvoir dans le passage suivant de ses Géorgiques, tel que Delille nous l'a rendu ?

Amour ! tout sent tes feux, tout se livre à ta rage,
Tout, et l'homme qui pense et la brute sauvage,

Et le peuple des eaux et l'habitant des airs.
Amour! tu fais rugir les monstres des déserts;
Alors, battant ses flancs, la lionne inhumaine
Quitte ses lionceaux et rode dans la plaine.
C'est alors que, brûlant pour d'informes appas,
Le noir peuple des ours sème au loin le trépas.

Continuant ses preuves, il en vient à l'homme et dit :

Que n'ose un jeune amant qu'un feu brûlant dévore!
L'insensé, pour jouir de l'objet qu'il adore,
La nuit, au bruit des vents, aux lueurs de l'éclair,
Seul, traverse à la nage une orageuse mer.
Il n'entend ni les cieux qui grondent sur sa tête,
Ni le bruit des rochers battus par la tempête,
Ni ses tristes parents de douleur éperdus,
Ni son amante, hélas! qui meurt s'il ne vit plus.

Peut-on faire si bien parler à Didon le langage passionné de Cythère, et être soi-même étranger à ses douceurs? Quelles vives images dans le tableau qu'il peint des amours de cette reine de Carthage et du fils aîné de Vénus! quelles nuances dans les couleurs, dans leur cours, et quelles forces n'ont-elles pas quand il en manifeste toute la violence au moment où elle croit le perdre ?

Mene fugis? per ego has lacrymas, dextramque tuam, te,
Quando aliud mihi jam miseræ nihil ipsa reliqui,
Per connubia nostra, per incœptos hymenæos,
Si bene quid de te merui, fuit aut tibi quidquam
Dulce meum, miserere domûs labentis, et istam,
Oro, si quis adhuc precibus locus, exue mentem.

Elle termine par un desir bien naturel à une véritable amante :

. . . . *Si quis mihi parvulus aula*
Luderet Æneas, qui te tantum ore referret,
Non equidem omnino capta aut deserta viderer.

Boileau a traduit ce morceau comme il suit :

Est-ce moi que tu fuis? ah, cruel! par ces larmes
Qui purent tant sur toi, quand j'eus pour toi des charmes;
Par ces doux entretiens, sources de nos plaisirs;
Par ces embrassements si chers à nos desirs;
Vois le funeste état de mon ame fidelle,
Pour qui tout est perdu si tu n'es plus pour elle.
Cher prince, puisqu'enfin le tendre nom d'époux
N'a plus rien pour ton cœur de touchant ni de doux,

Peux-tu voir ce qu'endure une amante éplorée?
Et peux-tu sans frémir voir ma mort assurée?
Encor si dans l'excès de mes vives douleurs
Tu me laissais un fils pour essuyer mes pleurs,
Je me consolerais en voyant ton image.

. . . .

D'un malheureux hymen ce gage précieux
Charmerait mes ennuis, et flatterait mes yeux.

Virgile né pour voler au temple de la gloire, après avoir composé son quatrième livre de l'Enéide, laissait à Tibulle la guirlande de roses que lui avait donnée la muse des amours. Celui-ci, favorisé de la nature, par sa taille et sa figure, et jouissant d'une assez grande fortune, ne put que trouver un accès facile chez les belles romaines, dont les fibres du cœur vibraient déjà sous la touche sensible qu'il avait su leur imprimer. Les poëtes de la cour d'Auguste, loin de l'écarter, comme de nos jours c'est assez l'usage, l'accueillirent et le firent jouir des faveurs du prince.

Pendant que Virgile, continuant sa marche, disposait et récitait à ses amis tout ce que Calliope lui dictait sur l'histoire de la superbe Rome et les divers destins de ceux qui la fondèrent, Tibulle écrivait celle de son cœur et les douces communications de son ame à celles des belles qui, tour à tour, s'en emparaient. La délicatesse, la douceur et les graces de son style, ce moëleux qui épanouit le cœur et le rend accessible aux plus doux sentiments d'amour, lui méritèrent de tous ceux qui les soupirent, le titre de prince des poètes élégiaques. Figure gracieuse, esprit fécond, richesse et art d'en faire un bon usage, ce fut avec tous ces avantages que la cour d'Auguste lui fut bientôt ouverte, et avec elle toutes les routes qui conduisent à la gloire où peut aspirer un favori des Muses. Livie alors faisait briller des graces qui excitaient le génie des écrivains d'amour; la lyre de ceux qui avaient un cœur sensible, frémissait des douces peines qu'on éprouve sous le joug qu'on s'impose en allant à Cythère. Ce fut dans cette circonstance que la belle Délie fit impression sur notre poète ; en lui jurant une constance sincère, il la lui affirmait en disant :

Près de toi je soupire, et tu m'entends, Délie,
De prétendre aux honneurs je n'ai pas la folie ;
T'aimer, te le redire est tout ce que je veux.
Si j'étais plus connu, serais-je plus heureux?
Je voudrais avec toi, toi seule pour compagne,
Suivre à pas lents ces bœufs errants sur la montagne ;
Dans le fond des forêts vivre obscur et caché.
Voudrais-je être sans toi sur la pourpre couché?
Je verrais revenir l'astre qui nous éclaire,
En baignant de mes pleurs ma couche solitaire.

Non ego laudari curo, mea Delia ; tecum
Dummodo sim, quœso segnis inersque vocer.
Ipse boves, mea, sim tecum modo, Delia, possim
Jungere, et in solo pascere monte pecus ;
Et, te dum liceat teneris retinere lacertis,
Mollis in inculta sit mihi somnus humo !
Quid Tyrio recubare toro sine amore secundo
Prodest, cum fletu nox vigilanda venit ?

Puissé-je, ma Délie, à mon heure dernière,
En te nommant rouvrir ma mourante paupière!
De mes jours presqu'éteints rallume le flambeau :
Heureux quand je descends dans la nuit du tombeau ,

Heureux d'entendre encor la voix de mon amante,
De retrouver sa main dans ma main défaillante!

Te spectem suprema mihi cum venerit hora,
Te teneam moriens deficiente manu.

Tout est sentiment dans ce morceau, mais de ce tendre sentiment qui fond l'ame dans son expression. Qui aurait pu croire que celui qui l'éprouvait eût sitôt volé dans les bras d'une autre belle, et se la fût rendue attentive par le langage suivant? Oh! disait-il à sa Némésis:

Oh, que vous m'êtes chère!
Oh, que mon esclavage est doux!
Non, n'appréhendez point qu'aucune autre que vous
Puisse jamais me plaire.
Nulle autre beauté sous les cieux,
Nulle autre grace ne m'enchante:
Plût au ciel qu'à moi seul vous parussiez charmante,
Comme vous êtes seule adorable à mes yeux!
Je n'ai point la folle manie
De ne me croire heureux qu'en excitant l'envie:
Oh! puisse mon bonheur des mortels ignoré,
N'être que de moi seul et des dieux admiré!
Que la forêt la plus affreuse
Serait pour moi délicieuse,

Que j'en aimerais le séjour,
Si, trouvant en nous deux toutes nos destinées,
Nous y pouvions ensemble achever nos années
Sans autre témoin que l'Amour !

Nulla tuum nobis subducet femina lectum ;
Hoc primum juncta est fœdere nostra Venus.
Tu modo sola places, nec jam, te prœter, in urbe
Formosa est oculis ulla puella meis.
Atque utinam possis uni mihi bella videri !
Displiceas aliis ! Sic ego tutus ero.
Nil opus invidia est : procul absit gloria vulgi ;
Qui sapit in tacito gaudeat ille sinu.
Sic ego secretis possim bene vivere silvis,
Qua nulla humano sit via trita pede.

Un sujet digne de l'Albane, est le suivant ; il se représente à Messala comme passant du séjour des vivants à celui de ceux qui ne sont plus, et il continue en disant : « comme j'ai été un adorateur constant du tendre Amour, Vénus elle-même me conduira vers les Champs Élysées. Là d'éternels concerts, d'éternelles danses s'exécutent aux doux chants des oiseaux mélodieux. Là, sans culture, croît la canelle odorante, et la terre féconde s'y couvre de roses parfumées qui ont toujours la même fraîcheur. Des chœurs de jeunes garçons se mêlent aux chœurs des jeunes filles dans la primeur de l'âge, et l'Amour ne cesse de les animer à de doux combats. C'est sur ce rivage qu'errent ceux qui meurent en aimant ; ils sont distingués des autres par une couronne de myrte dont leur tête est parée :

Sed me, quod facilis tenero sim semper Amori,
Ipsa Venus campos ducet in Elysios.
Hic choreæ cantusque vigent, passimque vagantes
Dulce sonant tenui gutture carmen aves.
Fert casiam non culta seges, totosque per agros
Floret odoratis terra benigna rosis ;
Ac juvenum series teneris immista puellis
Ludit et assidue prœlia miscet Amor.
Illic est cuicumque rapax mors venit amanti,
Et gerit insigni myrtea serta coma.

Notre aimable poète, expert dans l'art de subjuguer le cœur des belles, donne un conseil dont on ne saurait trop faire usage dans les essais qu'on tente pour les fléchir, c'est de persévérer dans les hommages qu'on leur porte :

. . . . . Obsequio plurima vicit amor.
Sed te ne capiant primo si forte negabit,
Tædia paulatim sub juga colla dabit.
Longa dies hominem docuit parere leones;
Longa dies molli saxa peredit aqua.

Quinault a imité ces beaux vers comme il suit :

La beauté la plus sévère
Prend pitié d'un long tourment,
Et l'amant qui persévère
Devient un heureux amant.
Tout est doux et rien ne coûte
Pour un cœur qu'on veut toucher;
L'onde se fraye une route
En s'efforçant d'en chercher;
L'eau qui tombe goutte à goutte
Perce le plus dur rocher.

Si Érato se plaisait à récompenser Tibulle par des largesses qui, sous sa plume, offraient tant de charmes, elle n'en venait pas moins, de temps, à autre substituer à la lyre dont Horace savait si bien toucher les cordes, le luth qu'elle entendait avec plaisir vibrer moëleusement sous ses doigts. Ce poète une fois résolu à monter au Parnasse, ne voulut point, pour y arriver, laisser un chemin sans l'avoir tenté. Rousseau, à cet égard, s'expliquant sur lui, dit :

. . . .
Le seul Horace en tous genres excelle,
De Cythérée exalte les faveurs,
Chante les dieux, les héros, les buveurs ;
Des sots auteurs berne les vers ineptes,
Nous instruisant par gracieux préceptes,
Et par sermons de joie antidotés.

Une verve décidément poétique, une finesse dans l'esprit, un tact délicat, fruit du meilleur goût, telles furent les qualités qui lui donnèrent accès chez Mécène et auprès d'Auguste, vrais connaisseurs en ce genre. Claudien disait :

Gaudet enim virtus testes sibi jungere Musas,
Carmen amat quisquis carmine digna gerit.

Rousseau, dans son ode au prince Eugène, traduisait ainsi ce passage :

C'est aux grands hommes seuls à sentir le mérite
D'un art qui ressuscite
L'héroïque vertu des grands hommes comme eux.

Les opinions d'Horace qui sympathisaient avec les principes de Mécène, ne contribuèrent pas peu à serrer les liens de leur amitié. Le systême d'Épicure en était la base, c'est ce que lui-même donne à entendre lorsqu'il écrit à Tibulle :

Me pinguem et nitidum curata cute revises,
Cum ridere voles Epicuri de grege porcum.

Sectateurs de ce systême souvent le protecteur et le favori dégagés de tout soin, parfumés d'essence et couronnés de roses et de myrte, passaient une partie de la nuit couchés près d'une table bien servie, perdant tour à tour la raison en caressant leurs belles et vuidant leurs coupes. Horace, quoiqu'aimant le plaisir et donnant quelques moments à la volupté, ne s'y livrait pas de manière à troubler sa tranquillité. Connaissant les écarts où peuvent jeter les passions qu'on ne soumet à aucun frein, il se gardait d'en devenir l'esclave. Le plaisir pour lui était une rose qu'il faut laisser sur sa tige, si l'on veut jouir de sa beauté et en savourer l'agréable odeur. Mais en vain il appelait à lui la philosophie, c'est-à-dire la raison, la mère de l'Amour ne l'en force que plus à se ranger sous son empire. Écoutons-le à ce sujet sur la manière dont il s'exprime par son agréable interprète, M. Daru, lorsque dans sa dix-neuvième ode, *Mater sœva Cupidinum*, s'adressant à Glycère, il lui dit :

La cruelle mère des Jeux,
Le fils de Sémélé, la licence folâtre,
De mon cœur raniment les feux.
Je brûle pour Ephyre à la gorge d'albâtre,
Qui ternit de Paros les marbres orgueilleux.
Je brûle pour la jeune Ephyre,
J'adore la gaîté qui brille dans ses yeux,
Même son dangereux sourire.
Vénus quittant ses bords chéris,
Fond sur moi toute entière et défend à ma lyre
De chanter nos fiers ennemis,
Et tout ce qui n'est pas soumis à son empire.
Esclaves, apportez le vin vieux et l'encens,
Parez cet autel de verveine,

Peut-être que Vénus, sensible à nos présents,
Se montrera moins inhumaine.

Comme il sait peindre sous différentes nuances les dangers où s'expose un jeune imprudent qui va s'hasarder sous le joug d'une coquette dont il s'est soustrait! C'est ce qu'on observe dans l'ode, *Quis multa gracilis te, puer, in rosa, etc* :

Quel est ce jeune amant à la tresse odorante,
Pyrrha, qui, dans le fond d'une grotte charmante,
Sur un tapis de fleurs vous presse dans ses bras?
Pour lui vous relevez cette boucle flottante,
Pour lui vous affectez, en ornant vos appas,
Une négligence élégante.

Hélas! qu'il va pleurer, quand, trahi par les dieux,
Abandonné de vous et battu par l'orage,
Pour la première fois il verra le naufrage!
Lui, qui, trop jeune encore et déjà trop heureux,
Pense vous voir toujours favorable à ses vœux,
Toujours tendre et jamais volage!

Malheureux le mortel de vos charmes épris
Qui vous crut un instant sincère autant que belle!
J'en fis moi-méme, hélas! une épreuve cruelle.
Mais par mes vœux enfin les cieux furent fléchis,
Et j'ai de mon vaisseau consacré les débris
Au dieu de cette onde iufidelle.

Encore un malheureux ; et combien il est rare de parler d'un personnage qui, par ses vers, ait abordé le temple de Mémoire sans réveiller le souvenir des misères qui accompagnèrent le commencement de sa vie et souvent sa vie entière !

Il s'agit ici de Properce, dont le père, prisonnier à la bataille d'Actium, et du nombre des victimes immolées au pied de l'autel de Jules César, n'ouvrait pas au fils la carrière du bonheur.

Long-temps ses tristes yeux dans un âge encor tendre
D'un père malheureux arrosèrent la cendre.
Depuis ce temps fatal, temps si rempli d'horreurs,
Il vit ses jours suivis d'immortelles douleurs.

Il quitta l'Ombrie où il vivait dans la misère, vint à Rome, n'ayant pour recommandation que son génie qui lui concilia des amis, des protecteurs. Le genre élégiaque lui donna accès vers Auguste qui, par politique, captivait les organes de la Renommée, et forçait, par ses bienfaits, les Muses à soutenir la tyrannie par laquelle il régnait. Mécène, tout occupé à donner des flatteurs à son maître, ouvrit la source des graces à ce jeune poète qu'il croyait très-propre à chanter ses louanges. Il lui montrait Auguste et ses hauts faits comme matière de l'Epopée à laquelle il lui conseillait de se livrer; mais Erato, plus attrayante à ses yeux que Melpomène, lui monta le luth de Cythère et la lyre fut oubliée. Soupirant aux pieds de Cynthie, il écrivait les vers que lui inspiraient ses charmes. Aucun de ses ouvrages ne paraîssait en public qu'il n'eut été lu à cette belle. Considérée par ses talents aimables et son bon goût en fait de poésie, elle le jugeait avec la plus grande rigueur. Le moyen de mériter son suffrage était le genre doucereux qu'indiquait la volupté; aussi le poète en contracta-t-il cette langueur touchante entremêlée de vives émotions qui ramenaient son ame de la mélancolie où elle tombait souvent. On ne peut avoir la preuve de ce que nous avançons, qu'autant qu'on lit plusieurs élégies de suite, et souvent même on la trouve dans une seule, où dans le commencement il embouche la trompette héroïque qu'il quitte vers la fin, pour unir aux accents du luth ses chants voluptueux. Properce, au milieu des jouissances que lui prodiguait sa belle, était loin d'être heureux. En buvant à la coupe de la volupté qu'elle lui offrait, il humait le noir poison de la jalousie dont son cœur se nourissait; aussi exhalait-il souvent des gémissements plutôt que des soupirs.

Me juvenum facies pictæ, me nomina lædunt,
Me tener in cunis et sine voce puer.
Me lædet si multa tibi dabit oscula mater,
Me soror et cum qua dormis amica simul.
Omnia me lædunt; timidus sum, ignosce timori,
Et miser in tunica suspicor esse virum.

Il est vrai que cette Cynthie lui fut infidèle; mais c'est à cette inconstante qu'on doit l'essor de la fougue poétique pendant laquelle l'auteur composa des morceaux pleins de feux , dont , sans cette circonstance , on n'aurait eu aucune notion. D'ailleurs ces petites erreurs d'amour , dans lesquelles le sexe tombe si souvent, devienent à l'amant un aiguillon propre à ranimer un feu qui, sans cette circonstance, pourrait s'éteindre par la trop longue continuité de bonheur.

Le style de Properce demande à être étudié , à raison de beaucoup de mots qui ont une acception particulière à ce poète. Il abonde en métaphores , et même quelques fois il en abuse ; il est vrai que souvent la passion les exige , et qu'elles vienent spontanément pour suppléer le défaut du langage qui ne peut alors suffire à exprimer toutes les nuances de l'affection. Ainsi , en cherchant à employer toutes les couleurs, il parvient tellement à peindre , que les produits de son imagination semblent en quelque manière prendre les apparences corporelles. Il a aussi une tournure dans son mètre, difficile à être entendue de ceux qui sont accoutumés à la diction de Virgile et d'Ovide; mais une fois qu'on s'y est habitué, son style a toute la clarté que comportent ses idées. Cette tournure n'a rien de comparable à l'expression grèque, telle qu'on la trouve dans Horace et Catulle ; comme elle est latine, elle dérive du mécanisme de la langue, qui, souvent n'étant pas connu, fait reporter sur le poète un défaut qu'on devrait plutôt rapporter à l'ignorance où l'on est sur elle.

La coordination des mots varie singulièrement chez ce poète, d'où il suit que quand on est venu à bout des difficultés qu'offre un distique, il faut s'attendre à d'autres dans un ou deux qui lui succèdent, ce qui fatigue l'attention et lasse la patience. A ces difficultés qui dérivent de la phrase, si l'on ajoute celle qu'y mêlent les notions mythologiques, les usages de l'ancienne Rome que l'auteur adopte, on aura une nouvelle cause de l'obscurité dont on l'a trop souvent taxé.

Properce excella dans le genre descriptif, par le choix d'expressions qui exposent ses idées au plus beau jour, sans les noyer dans une multitude de mots qui n'ajoutent rien à la clarté. Rien de plus frais et de plus simple en même temps que ce qu'il dit de l'enlèvement d'Hylas le favori d'Hercule. L'élégie est adressée à Gallus ; il lui conseille, pour conserver celui qu'il aime, de se garder des surprises des Nymphes ; et à ce sujet il amène Hylas dans un antre au pied du Mont Argante. « Là est une fontaine chérie des Nymphes de Bithynie. Les arbres qui la couronnent, offrent sans culture des fruits délicieux qu'a muris la saison ; ses bords sont émaillés d'un gazon toujours frais où le rouge pavot le dispute à l'éclat du lis éblouissant. Le jeune Hylas oublie d'abord ce qui l'attire en ce lieu. Il cueille les fleurs d'une main enfantine, puis se courbant sur l'onde transparente, il s'y contemple imprudemment. La beauté de son image le tient long-temps suspendu dans la même attitude. Il se couche enfin au bord de la fontaine, il y plonge ses deux mains et s'y désaltère. Frappées de sa beauté dont la vue les enflamme, les Nymphes ont interrompu leurs jeux pour se saisir d'Hylas qu'elles entraînent insensiblement dans leurs demeures liquides. Un cri perçant accompagne sa chute. Hercule entend ce cri qu'il ne cesse de répéter. Les échos des fontaines font retentir le nom d'Hylas.»

Hic erat Arganti pege sub vertice montis,
Grata domus nymphis humida Thyniacis:
Quam supra nulli pendebant debita curæ
Roscida desertis poma sub arboribus.
Et circum irriguo surgebant lilia prato
Candida, purpureis mista papaveribus.
Quæ modo decerpens tenero pueriliter ungui
Proposito florem prætulit officio,
Et modo formosis incumbens nescius undis,
Errorem blandis tardat imaginibus.
Tandem haurire parat demissis flumina palmis.
Innixus dextro plena trahens humero.
Cujus ut accensæ Dryades candore puellæ
Miratæ solitos destituere choros,

Prolapsum leviter facili traxere liquore.
Tunc sonitum rapto corpore fecit Hylas.
Cui procul Alcides iterat responsa, sed illi
Nomen ab extremis fontibus aura refert.

S'il est un morceau propre à caractériser la brûlante ivresse de l'amour, c'est sans contredit celui qu'offre l'élégie suivante, écrite avec toute la chaleur et la pureté du sentiment :

O me felicem ! nox o mihi candida ! et o tu
Lectule deliciis facte beate meis !
Quam multa apposita narramus verba lucerna,
Quantaque sublato lumine rixa fuit !
Nam modo nudatis mecum est luctata papillis,
Interdum tunica duxit operta moram.
Illa meos somno lassos patefecit ocellos
Ore suo, et dixit siccine, lente, jaces ?
Quam vario amplexu mutamus brachia, quantum
Oscula sunt labris nostra morata tuis.
Non juvat in cœco Venerem corrumpere motu ;
Si nescis, oculi sunt in amore duces.

Le poète voulant jouir de tous les charmes de sa belle, cherche à vaincre sa modestie par des exemples qui paraissent ne faire aucune impression sur elle , puisqu'il contiuue :

Quod si pertendens animo vestita cubaris
Scissa veste meas experiere manus,
Quinetiam si me ulterius provexerit ira
Ostendes matri brachia læsa tuæ.

Encore un sujet qui mériterait les couleurs d'un habile artiste, pour être rendu au naturel. Étant sorti, au clair de la lune, d'un repas prolongé bien avant dans la nuit, le poète, couronné de roses, arrive vers sa belle et dépeint son attitude dans les bras de Morphée; il commence par plusieurs comparaisons prises des personnages de la mythologie, et continue : « Ainsi, sa tête mal appuyée sur ses bras, m'apparut Cynthie perdue dans les douceurs d'un profond sommeil. Je revenais chancelant pour avoir trop fait usage des faveurs de Bacchus; quelques Amours avaient guidé mes pas de leurs flambeaux qu'ils secouaient de temps à autre pour qu'ils jetassent plus de clarté. Ayant encore tous mes sens, je cherche à m'approcher doucement de sa couche. J'étais poussé également et impérieusement par l'Amour comme par le dieu de la treille, à la mieux replacer en glissant doucement mon bras sous elle, et ainsi, lui ayant pris quelques baisers, à profiter d'une occasion aussi favorable. Cependant je n'osai troubler le repos de cette tendre amante, tout craintif sur les reproches que j'avais déjà mérités. Mes yeux étaient aussi fixement arrêtés sur elle que ceux d'Argus sur Io, quand il vit survenir des cornes au front de cette belle. Tantôt j'ornais sa tête des fleurs qui couronnaient mon front; je me plaisais à relever quelques boucles de sa chevelure; par fois je portais une main furtive sur son sein pour en parcourir le contour. Hélas ! toutes mes caresses étaient sans effet en ce moment où elle était toute à un odieux sommeil; son sein les reçoit, mais à peine y sont-elles arrivées qu'elles s'en échappent. »

Talis visa mihi mollem spirare quietem,
Cynthia non certis nixa caput manibus;
Ebria cum multo traherem vestigia Baccho,
Et quaterent sera nocte facem Pueri.
Hanc ego nondum etiam sensus deperditus omnes,
Molliter impresso conor adire toro.
Et quamvis duplici correptum ardore juberent,
Hac Amor, hac Liber, durus uterque deus.
Subjecto leviter positum tentare lacerto
Osculaque admota sumere et arma manu.
Non tamen ausus eram dominæ turbare quietem,
Expertæ metuens jurgia sævitiæ.
Sed sic intentis hærebam fixus ocellis,
Argus ut ignotis cornibus Inachidos.
Et modo solvebam nostra de fronte corollas,
Ponebamque tuis, Cynthia, temporibus.
Et modo gaudebam lapsos formare capillos,
Nunc furtiva cavis poma dabam manibus:
Omniaque ingrato largibar munera somno,
Munera de prono sæpe voluta sinu.

A l'époque où Properce fixait les suffrages des dames romaines, et de tous ceux qui se plaisent à voyager dans le riant séjour des Amours :

Ovide, dans ses vers doux et mélodieux,
Avec art débrouillait l'histoire de ses dieux;
Trop indulgent au feu de son génie,
Mais varié, tendre, plein d'harmonie,

Savant, utile, ingénieux, profond,
Riche en un mot, s'il était moins fécond.

Ayant reçu dans ses premières études à Rome toutes les notions que donne une bonne éducation, Athènes fut le lieu où il alla pour les mûrir, et se perfectionner dans une langue qui devait lui ouvrir un accès aux trésors d'Homère. A peine était-il rentré dans ses foyers, que son père lui montra la route brillante des honneurs et la fortune où menait l'éloquence, mais en vain ; le jeune élève était destiné à gravir le Parnasse et y trouver la sources de malheurs dont sa vie fut abreuvée. Il avait beau s'exercer parmi les jeunes orateurs :

Sponte sua carmen numeros veniebat ad aptos,
Et quod tentabat dicere carmen erat.

Avec une pareille disposition il ne fut pas long-temps sans avoir Cornelius, Sabinus et Tibulle pour amis. D'un caractère enjoué, se formant facilement de nouvelles images et les rendant avec hardiesse et clarté, il n'en trouvait que mieux à se lier avec ceux qui s'exerçaient dans le même genre que lui; aussi parle-t-il de Macer, de Ponticus, de Properce et de Battus, comme d'autant de personnages avec lesquels il avait d'intimes liaisons. Ovide, jeune et voluptueux, fréquentant une cour où tout résonnait en langage d'amour, monta bientôt sa lyre au ton qui convenait le plus à cette circonstance; et dès lors sa verve s'échappa en quelques élégies amoureuses qui, jointes à son esprit et à sa figure, prévinrent les belles Romaines pour lui. Il fut bientôt récompensé de ces douces faveurs qui, loin d'éteindre les desirs, ne font que les irriter. Aussi en sortant des bras de celle qui allumait en lui une flamme la plus vive, s'écrie-t-il:

Ah ciel, qu'elle est aimable! ah! la belle maîtresse!
Qu'elle est digne, en effet, de toute ma tendresse!
Mais si cette beauté veut long-temps me charmer,
Il faut qu'elle aime autant qu'elle se fait aimer.
Qu'elle m'aime! eh! comment aurais-je pu lui plaire?
C'est assez qu'elle souffre un amour téméraire;

C'est assez que Vénus, mère des doux plaisirs,
Lui fasse quelquefois agréer mes soupirs.
Corinne, je vous offre un amant plein de zèle,
Un amant consumé d'une flâme si belle
Qu'il n'est plus à lui-même, et que son dernier jour
Ne peut avec sa vie éteindre son amour.

Justa precor; quæ me nuper prædata puella est,
Aut amet, aut faciat cur ego semper amem.
Ah nimium volui; tantum patiatur amari:
Audierit nostras tot Cytherea preces.
Accipe, per longos tibi qui deserviat annos,
Accipe qui pura norit amare fide.

Cette dernière protestation émut le cœur de la bien-aimée qui lui donna une pleine jouissance de ses charmes les plus cachés. Sa narration sur un tel bonheur, est loin d'être dictée par la passion épurée de l'amour. Il s'amuse à décrire les petites ruses et les combats de sa belle qui joue alors le rôle d'une coquette; puis au lieu de profiter de l'ardeur où il est censé être, pour confondre sa flamme avec celle dont brûle son amante, il s'arrête comme un froid artiste à considérer les belles proportions de son corps:

Ut stetit ante oculos posito velamine nostros,
In toto nusquam corpore menda fuit.
Quos humeros, quales vidi tetigique lacertos!
Forma papillarum quam fuit apta premi!
Quam castigato planus sub pectore venter!
Quantum et quale latus! quam juvenile femur!

Que l'on compare le *Pervigilium Veneris* de Bonnefons avec ces froids détails, et l'on verra une bien grande différence de style entre ces deux auteurs.

Ovide à qui tout riait sous les étendards de l'Amour, crut devoir chanter ce dieu pour le remercier de ses bienfaits :

O nunquam pro me satis indignate Cupido :
O in corde meo desidiose Puer!
Quid me, qui miles nunquam tua signa reliqui,
Lœdis, et in castris vulneror ipse tuis?
Cur tua fax urit, figit tuus arcus amicos?
Gloria pugnantes vincere major erat.

On peut voir d'après ces échantillons quel était le langage qu'employait Ovide pour faire connaître sa passion. Les antithèses, les saillies, les jeux de mot dont son style abondait, ne pourraient prouver la sincérité de ses sentiments aux coeurs qui soupirent le parfait amour. S'il fait un reproche d'infidélité à la belle, ce n'est point un amant jaloux et sensible qui s'emporte, c'est un bel esprit qui accumule les phrases que lui dicte son imagination pour exhaler ses peines; et à travers la douleur et les plaintes on découvre le poète qui badine avec la fécondité de sa muse. Le reste coule avec la même facilité; les comparaisons multipliées dans le tableau lui donnent un coloris qui, en l'avivant, en rend aussi la vue fatiguante. Le poète mésusant de la facilité de son génie, offre la preuve de la difficulté où il est de s'arrêter, quand une fois il répond à son abondance.

Après avoir passé par tous les tracas d'amour qu'il faut éprouver pour obtenir enfin quelques faveurs qui souvent ne payent point les peines, l'auteur est tout glorieux de son succès, et voilà que par l'abondance de sa verve il fait arriver Troie pour donner quelques indices de son bonheur :

Pergama cum caderent bello superata bilustri,
Ex tot in Atridis pars quota laudis erat?
At mea seposita est et ab omni milite discors
Gloria; nec titulum muneris alter habet.
Me duce ad hunc voti finem, me milite veni
Ipse eques, ipse pedes, signifer ipse fui.

Notre auteur qui, dans nombre de morceaux, s'était montré d'une force suffisante à parcourir une toute autre carrière que celle des amours où il se distinguait, s'enhardit à parcourir celle des héros et héroïnes qui y avaient joué quelque rôle; et c'est à la réunion de toutes les pièces qu'il composa en ce genre, qu'on doit le livre d'Héroïdes, où il dépeint d'une manière la plus convenable à ses personnages les diverses passions dont ils furent agités dans les circonstances où il les envisage. Héro et Léandre, Œnone et Pâris, Didon et Énée, Sapho et Phaon, Phèdre et Hyppolite, sont les victimes d'amour qui, tour-à-tour, y jouent leur rôle.

La plupart de ces héroïdes offrent de l'intérêt; le style en est vif, assez naturel. On y trouve des longueurs, des redites, et des couleurs trop souvent les mêmes.

Ovide applaudi du sexe léger dont il avait si bien su se concilier les suffrages, élevé à une sorte de célébrité par une partie de l'autre qui, n'ayant que des demi-talents, est porté à en accorder la plénitude à ceux qui partagent leur goût pour la frivolité, allait à grand pas vers le temple de Mémoire, sous les auspices d'Auguste né appréciateur de ceux qui avaient quelques moyens pour y arriver. Déjà pour lui plaire il avait composé ses Fastes, sorte de calendrier où se trouvent indiquées les fêtes et les cérémonies des Romains. Il sut tellement répandre des fleurs sur une matière aussi sèche, que ce travail, chez les connaisseurs, passe pour être sa meilleure production.

A celle-ci succéda son ouvrage qu'il intitula : *Métamorphoses*. On regarde celui-ci comme le plus correct qui soit sorti de sa plume. Et à dire vrai, quoiqu'on ne puisse le considérer comme un poème épique ni historique, encore moins didactique, présente-t-il cependant des tableaux intéressants dignes de la main du maître qui les a dessinés. Il règne dans les expressions qui offrent l'histoire des amours des dieux et des hommes, un pathétique qu'en vain on s'attendrait à trouver chez d'autres poètes. A cet égard quoi de plus passionné que l'adresse de Biblis à Caunus, d'Hercule à Déjanire et autres morceaux que le poète a su placer à propos? On trouve jointe à une variété de peintures une touche de pinceau qui n'est point affaiblie dans ceux qui terminent l'ouvrage. Uni dans ses narrations tendres, touchant dans le monologue, élevé dans la harangue, le poète mène son lecteur d'une histoire à l'autre sans lui offrir aucun vuide. L'imagination et la grace embellissent sa diction, et le travail approcherait de la perfection s'il n'était déparé, par fois, par un peu de monotonie et quelques répétitions. Rien de plus majestueux que la manière dont il s'annonce sur la formation de l'univers ; rien de plus noble que le portrait de l'homme qui est le chef-d'œuvre de son créateur ; rien de plus achevé que la description du palais du Soleil : on y trouve réuni tout ce qu'une imagination vive et brillante peut concevoir, tant du côté des matériaux que de la manière dont ils ont été disposés. Mais un genre où le poète excelle, quand l'occasion de le traiter se présente, est surtout le passionné. On en trouve de différentes teintes dans ce qu'il dit sur Narcisse, sur Pyrame et Thisbé, et particulièrement sur Salmacis, Biblis et Caunus. Donnons quelques instants à ces trois derniers personnages. Biblis, que Caunus son frère aime plus que ne le comportent les liens du sang, vient d'avoir un songe qui l'a offert à elle dans une circonstance qui lui était la plus agréable, et s'éveillant aussitôt elle s'écrie:

Malheureuse Biblis ; ah ! que vient m'annoncer
Ce songe?.... Sans rougir puis-je encore y penser ?
S'il allait s'accomplir!.... Ciel, qui punis l'inceste,
Ciel, détourne à jamais ce présage funeste!
Oui, sans doute, Caunus est digne d'être aimé ;
Il ne faut que le voir pour en être charmé.
Si Biblis d'un amant eût eu le choix à faire,
Elle eût choisi Caunus. Faut-il qu'il soit mon frère!
Ah ! pourvu que du moins mon malheureux amour
Ne profane jamais la pureté du jour !
O nuit! rends-moi souvent, rends-moi ce doux mensonge,
Le songe est sans témoins, et l'on jouit d'un songe.
O Vénus! ô transports! ô fortunés moments !
Comme la volupté transporta tous mes sens !
Ils en ont tressailli ! Dans mon ame vaincue
J'ai senti se glisser une joie inconnue.
O douce illusion! nuit propice à l'amour !
Hélas! que ne peut-on rêver ainssi le jour.

Me miseram! tacita quid vult sibi noctis imago,
Quam nolim rata sit ? cur hœc ego somnia vidi ?
Ille quidem est oculis quamvis formosus iniquis :
Et placet, et possum, si non sit frater, amare :
Et me dignus erat. Verum nocet esse sororem.
Dûmmodo tale nihil vigilans committere tentem,
Sœpe licet simili redeat sub imagine somnus.
Testis abest somno, nec abest imitata voluptas.
Proh Venus! et tenera volucer cum matre Cupido.

Gaudia quanta tuli ! quam me manifesta libido
Contigit ! ut jacui totis resoluta medullis !

Salmacis était une nymphe du chœur de Diane, qui, loin de suivre ses compagnes dans les exercices de la chasse, s'amusait à cueillir des fleurs, à se baigner, à soigner sa chevelure et se mirer dans le cristal des eaux, ne pouvant s'adonner par la mollesse de son caractère à des occupations plus pénibles. Jusqu'ici le poëte excelle tellement dans le descriptif, qu'on suit toute la lenteur des mouvements de cette nymphe indolente. Mais elle voit un bel adolescent, fruit des amours furtifs de Vénus et de Mercure, qui, sorti de la tutèle des Nymphes, errait, pour répondre à ses goûts, à travers les antres et les forêts :

Charmant, il unissait, doux et rare assemblage !
La fleur de l'innocence à la fleur du bel âge ;
Et la nature en lui retardant le desir,
Dérobait à ses sens les secrets du plaisir.

A peine Salmacis peut-elle se contraindre.
Le voir et soupirer, et desirer et craindre,
Ces sentiments divers l'agitent tour à tour.
Ses yeux jadis si doux, étincèlent d'amour ;
Son orgueil inquiet a connu les alarmes ;
Ses avides regards interrogent ses charmes ;
Ce ruisseau qui souvent lui peignit la beauté,
Alors trop peu flatteur, est cent fois consulté.
Elle vole à l'enfant, s'arrête, se retire ;
La frayeur la retient, lorsque l'Amour l'attire.
A travers le feuillage, elle suit tous ses pas,
Desire qu'il approche, et craint son embarras.
Elle s'avance enfin : Bel enfant, lui dit-elle,
Ah! parlez! de quel nom faut-il qu'on vous appèle ?
Descendez-vous des cieux pour orner ce séjour ?
Si vous êtes un dieu, c'est le dieu de l'amour ;
Si vous êtes mortel, heureuse la maîtresse
Qui de vous a reçu la première caresse !
Elle voudrait poursuivre ; il se trouble, il rougit ;
Mais son trouble lui sied, sa rougeur l'embellit,
Elle exige de lui cette faveur légère,
Ces baisers qu'à sa sœur peut accorder un frère.
Ah, cessez! lui dit-il, que vois-je dans vos yeux ?
Cessez! ou pour jamais j'abandonne ces lieux.
Salmacis en pâlit. Demeurez, je vous laisse,
Demeurez.... Elle fuit alors avec adresse,
Et, derrière un buisson d'où son œil peut le voir,
Elle observe l'instant de remplir son espoir.
Se croyant libre, il vole, erre dans la prairie,
Foule d'un pas léger l'herbe tendre et fleurie ;
Et, dans ces belles eaux qui l'invitent au bain,

Hasarde un pied craintif qu'il retire soudain.
Mais bientôt, abusé par un charme perfide,
Sur ces bords enchantés devenu moins timide,
Il découvre à la nymphe, en quittant ses habits,
La jeunesse en sa fleur prête à donner des fruits.
Sous l'eau qui le reçoit et près de lui frissonne,
Il paraît comme un lis que le verre emprisonne,
Ou comme un bloc d'albâtre où des ciseaux hardis
Ont sculpté d'un beau corps les contours arrondis.
Salmacis en secret dévore tant de charmes;
Une tendre fureur lui fait verser des larmes;
Tout, jusqu'à l'air si frais qu'on respire en ces lieux,
Lui paraît autour d'elle embrâsé de ses feux.
Rien ne la retient plus, elle brûle et frissonne;
Elle ne peut souffrir rien de ce qui l'environne;
Le voile qui la couvre et pèse à ses desirs,
Détaché de son sein, vole au gré des zéphirs;
Et son œil, de sa flamme éloquent interprète,
Est semblable au soleil que le cristal répète :
Oui, je te tiens, dit-elle. Et la nymphe, à ces mots,
Jète ses vêtements, s'élance dans les eaux.
Tour à tour elle emploie et la force et la ruse,
Lui ravit des baisers que l'ingrat lui refuse;
Sous le voile de l'onde où ses efforts sont vains,
Laisse errer au hasard ses caressantes mains;
De ses flexibles bras l'enveloppe, le lie,
S'élance dans les siens, et cent fois se replie.
Tel le lierre en naissant, sur la terre couché,
Serpente autour du chêne et s'y tient attaché.
L'Amour qui rit en l'air des efforts de la belle,
Emousse encor l'organe interrogé par elle;

Et la nymphe, expirant de honte et de desirs,
Dans leurs propres foyers cherche en vain les plaisirs.
Dieux ! ô dieux! dans mes bras enchaînez le barbare,
Dit-elle ; je mourrai plutôt qu'on m'en sépare.
L'Amour, trop tard hélas ! applaudit à ses vœux,
Et dans un même corps les confondit tous deux.
Sur une même tige ainsi l'on voit deux roses
Mourir en même temps, en même temps écloses ;
Ou tels dans les forêts deux jeunes arbrisseaux
Semblent d'un même tronc élever leurs rameaux.

A cette traduction libre de ce beau morceau, nous joindrons l'original pour mettre plus en évidence le pinceau de notre auteur , et offrir les beautés qui lui sont propres aussi bien que quelques uns des défauts qu'on lui a reprochés. La belle Salmacis cueillait des fleurs pour contribuer à sa parure :

Cùm puerum vidit, visumque optavit habere.
Nec tamen ante adiit, etsi properabat adire,
Quam se composuit, quam circumspexit amictus ;
Et finxit vultum, et meruit formosa videri.
Tunc sic orsa loqui : Puer, ô dignissime credi
Esse deus ; seu tu deus es, potes esse Cupido ;
Sive es mortalis, qui te genuêre beati :
Et frater felix, et fortunata profecto

Si qua tibi soror est, et quæ dedit ubera nutrix.
Sed longe cunctis longeque potentior illis
Si qua tibi sponsa est, si quam dignabere tæda.
Hæc tibi sive aliqua est; mea sit furtiva voluptas :
Seu nulla est; ego sim, thalamumque ineamus eumdem.
Naïs ab his tacuit, pueri rubor ora notavit,
Nescia quid sit amor : sed et erubuisse decebat.
Hic color aprica pendentibus arbore pomis,
Aut ebori tincto est, aut sub candore rubenti,
Cum frustra resonant æra auxiliaria lunæ.
Poscenti nymphæ sine fine sororia saltem
Oscula, jamque manus ad eburnea colla ferenti
Desinis? an fugio tecumque, ait, ista relinquo.
Salmacis extimuit, locaque hæc tibi libera trado,
Hospes ait : simulatque gradu discedere verso.
Tum quoque respiciens, fruticumque recondita silva
Delituit, flexumque genu submisit. At ille
Ut puer et vacuis ut inobservatus in herbis,
Huc it et hinc illuc, et in alludentibus undis
Summa pedum taloque tenus vestigia tingit.
Nec mora de tenero velamina corpore ponit.
Tum vero obstupuit, nudæque cupidine formæ
Salmacis exarsit, flagrant quoque lumina nymphes;
Non aliter quam cum puro nitidissimus orbe
Opposita speculi referitur imagine Phœbus.
Vixque moram patitur; vix jam sua gaudia differt;
Jam cupit amplecti; jam se male continet amens.
Ille cavis velox applauso corpore palmis
Desilit in latices alternaque brachia ducens
In liquidis translucet aquis ut eburnea siquis
Signa tegat claro, vel candida lilia, vitro.

Vicimus ; en meus est, exclamat Naïs ; et omni
Veste procul jacta, mediis immittitur undis ;
Pugnacemque tenet, luctantiaque oscula carpit.
Subjectatque manus invitaque pectora tangit ;
Et nunc hac juveni nunc circumfunditur illac.
Denique nitentem contra elabique volentem
Implicat ut serpens, quam regia sustinet ales
Sublimemque rapit : pendens caput illa pedesque
Alligat ; et cauda spatiantes implicat alas.
Utve solent hederæ longos intexere truncos :
Utque sub æquoribus deprensum polypus hostem
Continet ex omni dimissis parte flagellis.
Perstat Atlantiades ; sperataque gaudia nymphæ
Denegat. Illa premit commissaque corpore toto
Sicut inhærebat ; pugnes licet, improbe, dixit,
Non tamen effugies ; ita dî jubeatis, et istum
Nulla dies a me, nec me seducat ab isto.

Ovide, dans son siècle, ressemblait à beaucoup d'hommes de lettres d'aujourd'hui, qui aiment à se reposer d'un travail en passant à un autre. Pendant qu'il donnait son temps à ses métamorphoses, il en dérobait une partie qu'il employait a son sujet favori, les amours. Ce n'était point assez pour lui d'avoir développé dans trois livres d'élégies tout ce qui lui était arrivé d'intéressant sous les étendards du jeune fils de Vénus, il regardait comme un titre à la reconnaissance une doctrine qu'il publierait sur la manière de réussir dans la carrière d'amour; ainsi quoique dans ses Tristes il chante souvent la palinodie, notamment lorsqu'il dit :

Maxima pars operum mendax et ficta meorum,
Plus sibi permisit cumpositore suo.

Il n'en réduisit pas moins alors en système l'art d'attirer et de fixer également les cœurs dégagés de tout lien, comme ceux qui ne sont point libres. Les principes qu'il établit à ce sujet dans cet ouvrage intitulé *de Arte amandi*, ne sont rien moins qu'émanés de cette flamme pure indice d'un véritable amour; c'est la doctrine que prêche un homme corrompu qui n'est guidé par aucun principe d'honneur. Il ne faut donc point s'attendre à y trouver cette passion noble qui, exaltant le sentiment, élève l'ame, et lui donne une double existence. Au lieu de ces doux épanchements qu'avoue la nature, ce sont des préceptes fondés sur une morale lascive à laquelle donnait cours la jeunesse romaine, qui n'avait nulle connaissance des moyens propres à épurer ses sensations. Aussi, quoique les Romains fussent fort indulgents pour tous les ouvrages que dictait le sentiment de la passion, ce poème n'en révolta pas moins les personnes sensées qui n'y virent qu'une source qu'on venait d'ouvrir au jeune âge avide d'y aller puiser des moyens de corruption. Auguste, qui avait quelqu'autre raison pour en vouloir à l'auteur, en prit motif pour l'exiler à Tomes, sur les bords du Pont-Euxin, où il mourut. C'est au séjour qu'il fit dans ces froides contrées qu'on doit nombre d'élégies qu'on a intitulées *Tristia*, à raison de ce que la plupart expriment l'abattement de son ame, et les cuisants chagrins auxquels elle était livrée.

Long-temps après que ces auteurs eurent illustré le règne d'Auguste, en traitant les matières de tendresse, parut Pétrone sous le règne de Néron. Déjà les Muses, abandonnant le sommet du Parnasse, erraient dans les plaines d'alentour, éprouvant le sort des aigles romaines, dont le vol se rallentit dès que Rome eût perdu sa liberté. Aimable et voluptueux, cet auteur faisait les délices d'une cour fort adonnée aux plaisirs. La manière dont il sut présider aux jouissances de son prince lui valut le titre d'*Arbiter*. Dans son *Satyricon*, qui n'est que l'histoire de ce qui se passait dans les parties de plaisir où il était admis, se trouvent plusieurs morceaux d'un tel fini, qu'on a tout lieu de croire que si l'auteur se fût borné à la carrière poétique, il l'eût dignement parcourue. On en rencontre également dans ses *Fragmenta*, qui sont d'une bonne facture, entre-autres le suivant qu'on pourrait intituler le portrait :

Candida sidereis ardescunt lumina flammis,

morceau dont nous devons la traduction à M. Simon.

« Tes yeux étincèlent de tout l'éclat des astres. L'incarnat des roses se fond sur ton teint, et l'or est moins brillant que ta chevelure. Tes lèvres, plus suaves que le miel, ont la vivacité de la pourpre, et des veines de carmin sillonnent la peau transparente de ta gorge aussi blanche que du lait. Tout ce qu'il y a de beau fut prodigué sur toi. Ta taille a la majesté de celle des déesses, et ton corps céleste l'emporte sur celui de Vénus. Lorsque ta main d'argent et tes doigts délicats tressent la soie, tu paraîs jouer avec son tissu précieux. A peine en marchant ton pied léger déplace-t-il les plus petits cailloux, et la terre se ferait un crime de les froisser. Les lis ne fléchiraient point sous la trace légère de tes pas. Qu'une autre pare son cou de colliers précieux, surcharge sa tête de pierreries ; simple et sans aucune parure tu plairas davantage. Il n'est pas de beauté où l'on ne trouve quelques taches ; l'examen le plus sévère fera tout approuver en toi ; le chant des sirènes, l'éloquence de Thalie, céderaient, j'en suis sûr, à ta voix si douce, si séduisante, qui porte dans les ames tous les traits de l'amour. Le cœur que tu frappes, entretient sa blessure que l'acier même ne peut guérir : appaise d'un baiser de tes lèvres les tourments que j'endure, ce baume salutaire est le seul capable de soulager mon ame. Cesse de me déchirer avec tant de violence, tu causeras ma mort. Si cependant ce parti te plaît, accorde au moins à mes prières une faveur. Sitôt que je ne serai plus, daigne me serrer dans tes bras, ce bienfait me rendra la vie. »

On trouve dans les *Catalecta*, qu'on doit à Joseph Scaliger, plusieurs morceaux sauvés de la rapacité des temps et publiés sous le titre de *Priapeia*. La plupart offrent moins la passion pure qu'un cynisme hors des bornes que lui oppose le bon goût. La versification d'ailleurs y est assez bien soignée, et difficile à être entendue, vu les fréquentes allusions relatives aux circonstances des lieux et du temps où elles furent composées. Les *Errones venerei* offrent nombre de fragments ou pièces tronquées presque toutes consacrées à l'Amour. Il en est de charmants qui méritent de tenir leur place dans le temple du Goût. On n'a également que des fragments du Poète Sentius Augurinus, mais des fragments d'une si bonne valeur qu'ils font regreter ce qui leur manque, entr'autres le morceau relatif à l'inutilité de la parure.

Ausone, en matière de pur amour, est le poète qui succède à Pétrone. La lacune entre ces deux personnages est grande, mais la cause en est dans les circonstances relatives aux siècles intermédiaires. Comment en effet le génie aurait-il pu se développer dans des temps où la tyrannie abâtardissait les esprits; où les arts étaient exilés, les philosophes chassés, et les lettrés payant de leur tête leur supériorité ; où un Caligula fit brûler Homère et abattre la statue de Virgile ; où un Néron condamnait à la mort les poètes qui ne lui portaient pas leur encens ? C'est alors que les arts, qu'une douce sensibilité et un bon goût avaient fait éclore, perdirent de leur vigueur. Le bel esprit si ennemi de la mâle poésie, remplaça le nombre, l'harmonie, et la naïveté que nous offraient les grands modèles. On joua dès lors sur les mots ; on crut en enflant son style, lui donner plus de force ; les bluettes, les éclairs furent de mode. C'est ainsi, qu'enviant la gloire de ceux qu'ils ne pouvaient égaler, les petits génies dans les sciences, les lettres et les arts, ont reculé au lieu d'avancer la borne qu'ils ont trouvée dans leur champ. Ausone, en paraissant dans ces malheureux temps, ne pouvait qu'en contracter les vices. Il nâquit à Bazas, au commencement du quatrième siècle, et mourut vers la fin, ayant mené une carrière autant heureuse que peuvent la desirer ceux qui suivent celle des Lettres. Sa muse est très variée, on peut même dire bien inégale. Entr'autres pièces qui méritent, dans notre genre, l'attention des personnes qui ont du goût, on cite le morceau suivant intitulé *Cupido cruci affixus.* Un des meilleurs poètes lyriques a imité cette idylle et l'a publiée comme il suit, sous le titre de *l'Amour fouetté* :

Près des champs consacrés aux ombres fortunées,
Loin du séjour affreux des éternels tourments,
Sont des lieux peu connus ; retraites qu'aux amants
Proserpine et Pluton jadis ont destinées.
On n'y voit point régner les ombres de la nuit ;
Ce n'est point un jour pur que l'on y voit éclore.
Une clarté douteuse y luit,
Pareille à la naissante Aurore.
C'est là que ces beautés, de qui les noms fameux
Remplissent la fable et l'histoire,
En amusant les dieux rappélent la mémoire
De leurs malheurs et de leurs feux.
L'ambitieuse imprudente
Qui voulut voir Jupiter
Avec la foudre brûlante,

Se reproche un malheur qu'elle paya si cher.
La tendre épouse de Céphale
Déteste une jalouse erreur,
Et brise la flèche fatale
Qu'elle retire de son cœur.
Héro d'une main tremblante
Tient la lampe étincelante
Qui lui servit seulement
A voir périr son amant.
Ariane roule en colère
Le fil, triste instrument d'un perfide attentat :
Hélas ! elle a trahi son père
En faveur d'un amant ingrat.
A son vainqueur absent Phèdre encor sacrifie
Ses enfants, son trône et ses jours ;
Et tour à tour accuse et justifie
Ses involontaires amours.
Moins coupable cent fois et plus à plaindre qu'elle,
Et Didon et Thisbé vont se frapper le sein.
D'un amant qui la fuit l'une a le fer en main,
L'autre tient le poignard d'un amant trop fidelle ;
A leurs cris éclatants l'Amour vient dans ces lieux :
Le traître dans leurs maux admire son ouvrage ;
Malgré l'épaisseur d'un nuage
Son carquois, son flambeau le décèle à leurs yeux.
Déja la cohorte rebelle
Le menace ; il veut fuir, il ne bat que d'une aîle.
Il tombe, on le saisit ; il verse en vain des pleurs :
Attaché sur un myrte, une fureur nouvelle
Va de tous les tourments rassembler les horreurs.
Amour, l'une à ton sein présente cette épée

Par qui sa trame fut coupée ;
L'autre offre à tes regards les débris enflammés
Du bûcher où ses jours ont été consumés.
Mirrha, de qui les dieux ont endurci les larmes,
En fait pour t'accabler de redoutables armes.
Pourquoi, s'écria-t-il, pourquoi tant de fureurs ?
Cruelles, pouvez-vous connaître
Qui du sort ou de moi cause tous vos malheurs ?
Il est aveugle autant que je puis l'être.
Eh ! n'avez-vous jamais éprouvé mes douceurs ?
Mais je vais, si j'ai tort, réparer mes erreurs ;
Le remède est tout prêt, je puis vous en instruire.
Là coule le Léthé ; je veux vous y conduire.
Ce fleuve fait aux rois oublier leurs grandeurs,
Aux esclaves leurs chaînes.
Vos jours furent mêlés de plaisirs et de peines,
Là vous oublierez tout, et les ris et les pleurs.
Tout oublier, Amour ! ah, c'est trop ! dirent-elles.
Si l'un sans l'autre, hélas ! ne se peut effacer,
Laisse-nous tous les deux. Tes peines sont cruelles,
Mais tes biens sont trop doux pour ne plus y penser.

La langue qui, sous Auguste, se parlait et s'écrivait à Rome avec ce beau naturel, dont les orateurs nous ont laissé de si frappants modèles ; qui, disposée selon les règles d'une mesure soignée, formait ces poèmes avec lesquels les auteurs arrivaient au temple de la Gloire, loin de se perfectionner après la mort de cet empereur, perdit peu à peu de sa splendeur sous ceux qui lui succédèrent. Une cause de cette décadence fut en grande partie l'ambition que chacun avait de se faire un nom par une affectation de style qui pût le distinguer des autres. Ainsi Sénèque, comme de nos jours plusieurs nouveaux venus dans les sciences et les arts, ne visant qu'à renverser tout ce qui aurait pu nuire à sa gloire, s'ouvrait un chemin au milieu des ravages qu'il faisait :

. . . Impellens quicquid sibi summa petenti
Obstaret, gaudensque viam fecisse ruina.

Ainsi, long-temps après ce rhéteur, voulait planer vers les siècles à venir cet Adrien qui, se donnant pour réformateur du goût, préférait Ennius à Virgile, et arrachait des mains du père de la poésie grèque le scèptre de l'épopée pour le donner à Antimachus qui avait fait un mauvais poème sur la guerre de Thèbes ;

cet Adrien qui, tourmenté du démon des vers, chantait ses amours comme ses folies, et vantait, comme preuve de bon goût, l'apostrophe suivante à son ame :

Animula vagula, blandula,
Hospes comesque corporis ;
Quœ nunc abibis in loca,
Pallidula, rigida, nudula ?
Nec, ut soles, dabis jocos.

Enfin l'empire des Romains miné de tout côté par les causes qui avaient contribué à sa décadence, succomba sous le pouvoir des hordes barbares déchaînées du Nord pour l'effacer du nombre des puissances régnantes ; et avec lui disparurent le langage et les usages qui réunissaient les peuples sous une si vaste domination. Un féroce soldat fit retentir des cris de guerre les voutes du palais, encore toutes sonores par les accents des derniers poètes qui évoquaient en leur faveur l'ame de leurs brillants prédécesseurs. Les Muses et leurs nourissons fuyaient pour venir se réfugier dans l'asyle que leur ouvrait François premier. Mais la corruption s'était introduite dans le langage de ceux qui s'en disaient les interprètes. Le génie trouvait-il, pour former un poème, quelque sujet digne de passer à la postérité ? les matériaux pour en construire l'édifice étaient dans un état d'imperfection qui nuisait à l'emploi qu'on aurait pu en faire. Souvent d'ailleurs le mauvais goût faisait mal placer ceux qui avaient encore quelque valeur, et ainsi l'ensemble n'offrait ni beauté ni régularité. On peut se convaincre sur les vérités que nous avançons ici, en parcourant les morceaux qui nous ont été transmis des diverses régions de l'Europe, et qu'on trouve dans l'ouvrage intitulé *Deliciæ poetarum*. Cependant, parmi quelques auteurs qui ne sont pas sans mérite, on y voit figurer Beze, Muret, Jean Second, Bonnefons, Kinschote, Vayder-does, Angérianus, Pontanus, Buchanan, et nombre d'autres qu'on lira avec beaucoup de plaisir, après s'être nourri des auteurs de la meilleure latinité. Le plus grand nombre de ces auteurs ont parlé le langage pudique qui fait valoir le pur sentiment de l'amour; il en est d'autres qui, moins délicats, ont deshonoré leur muse par un cynisme hors de toutes bornes. On trouvera les plus distingués de ceux-ci dans l'ouvrage récemment publié ici, intitulé : *Quinque illustrium poetarum Lusus in Venerem.*

FIN.

TABLE

DES

TITRES DU TROISIEME VOLUME.

ERRATA.

PREMIER VOLUME.

Pag.	*Lign.*		*Lisez.*
41	2	amours	amants.
143	18	ma	une.
230	8	rose	rosée.

SECOND VOLUME.

Pag.	*Lign.*		*Lisez.*
6	6	dieux	eaux.
13	20	sement	secouent.
211	13	longeur	langueur.
245	15	Vénus	Vénuse.
254	17	corps	cours.

TROISIÈME VOLUME.

Pag.	*Lign.*		*Lisez.*
12	16	délire	délai.
156	13	les	le.
185	14	là,	la.

OUVRAGES

Du Docteur PETIT-RADEL,

En vente

Chez Théophile BARROIS, le jeune, rue Haute-Feuille.

Essai sur le lait considéré médicinalement sous ses différents aspects, ou *Histoire de ce qui a rapport à ce fluide chez les femmes, les enfants et les adultes, soit qu'on le regarde comme cause de maladie, comme aliment ou comme médicament.* 1 vol. in-8°. Prix broché 2 fr. 50 c.

L'auteur ayant voulu mettre en ordre tout ce qu'on peut dire sur une matière aussi importante, considère le lait, 1°. dans les organes de la mère où il s'élabore, ce qui le conduit à traiter de la composition de ces organes, de la sympathie qu'ils entretiènent avec les parties éloignées qui leur correspondent, de la manière dont ils opèrent leurs fonctions, de la nature de l'humeur qu'ils séparent, de ses différences et des accidents auxquels celle-ci donne lieu, quand quelques obstacles s'opposent à sa filtration; 2°. chez l'enfant où il l'examine comme substance alimentaire propre à son développement, et comme cause de maladie lorsque la combinaison de ses principes est contraire à celle qu'il doit naturellement avoir ; 3°. enfin chez l'adulte de différent sexe, ce qui le conduit à traiter de ses différentes propriétés comme aliment et comme médicament dans les maladies pour lesquelles il est ordinairement employé. Cet ouvrage, d'après ce cadre, ne peut qu'intéresser les femmes qui nourrissent, comme les personnes qui se mettent à la diette blanche.

Traité des Vaisseaux absorbants du corps humain, traduit de l'anglais, du docteur Cruikshank. 1 vol. in-8°. Prix broché 5 fr.

Cet ouvrage est divisé en deux parties ; la première offre tout ce qui est relatif à la théorie de l'absorption, elle fait la moitié de l'ouvrage ; l'ordre, la clarté et la précision s'y font distinguer dans tout ce qui a rapport à la doctrine tant ancienne que moderne. On en peut dire autant relativement à la seconde qui offre des détails sur la description, la situation, le nombre des glandes conglobées, et la distribution particulière des vaisseaux absorbants du corps humain. L'ouvrage est accompagné de planches du dernier fini, dont la première représente le cours des absorbants sur toutes les parties tant intérieures qu'extérieures du corps ; la seconde, les orifices de ces vaisseaux et leur distribution sur une portion d'intestins grèles ; et la troisième, la texture des glandes conglobées. Il en reste encore quelques exemplaires papier d'Hollande.

Chez DUPLAIN, cour du Commerce.

Introduction méthodique à la théorie et la pratique de la médecine, traduit de l'anglais, du docteur Macbride, avec des remarques du traducteur. 2 vol. in-8°. Prix broché 10 fr.

Le premier volume de cet ouvrage traite de la théorie de l'art ; en tête se trouvent l'éloge de l'auteur par Vicq-d'Azir, et une savante préface du traducteur. Le second offre tout ce qu'il importe à savoir dans le traitement des maladies particulières.

Chez BRIAND, rue du Jardinet.

Nouvel avis au peuple sur les maladies et accidents qui demandent les plus prompts secours, et autres qui, légères en apparences, n'en sont pas moins accompagnées de suites fâcheuses. 1 vol. in-12. Prix 2 fr.

Cet ouvrage a été composé dans l'intention d'être utile aux gens de la campagne, qui, sujets à nombre de causes imprévues de maladies et souvent d'une mort apparente, les négligent et en sont les victimes. Les principales matières qu'on y traite sont l'empoisonnement, la morsure des chiens enragés, les asphyxies causées par les vapeurs méphytiques, la submersion, l'étouffement, le froid, la foudre, les évanouissements, la crampe, les douleurs, etc. C'est un *vade mecum* plus utile à toutes personnes étrangères à l'art, que toutes ces compilations médicales que l'intérêt leur offre pour aggraver leurs maux.

Essai sur la théorie et la pratique des maladies vénériennes, traduit de l'anglais, du docteur Nisbet, et dédié au docteur Antoine Petit. 1 vol. in-8°. Prix broché 4 fr.

Cet ouvrage est accompagné de notes et précédé d'une préface du traducteur, où l'on trouve beaucoup de faits intéressants à connaître dans la théorie comme dans la pratique de cet ordre de maladies.

Chez AGASSE, rue des Poitevins.

Dictionnaire de chirurgie, contenant tout ce qui a rapport à cette partie de l'art de guérir; ouvrage faisant partie de l'Encyclopédie par ordre de matières. 3 volumes in-4°. avec planches. Prix 54 fr.

On trouve dans ce dictionnaire tout ce que la chirurgie moderne offre de plus reçu, tant dans la théorie que dans la pratique de l'art. Les collaborateurs MM. Delaroche et Petit-Radel, que leur érudition dans les langues étrangères ont mis à même de compulser les meilleures sources, y ont puisé tout ce qui pouvait rendre leur ouvrage meilleur. On doit au dernier toute la biographie des auteurs qui ont écrit sur l'art, les articles concernants les maladies des yeux, des os, de la matrice, celles dite syphilliques, et nombre d'autres très-détaillées, la table des matières de tout l'ouvrage. Le dernier volume est une explication des 150 planches d'un très-beau burin où l'on trouve représentés tous les instruments et machines usités dans la pratique de l'art, et plusieurs cas pathologiques intéressants à connaître.

Institutions de médecine, ou *Exposé sur la théorie et la pratique de cette science, d'après les auteurs anciens et modernes ; ouvrage didactique, contenant les connaissances générales nécessaires à ceux qui se destinent à exercer l'art de guérir.* 2 vol. in-8°. Prix 12 fr.

Cet ouvrage, fruit de longues études et digéré pendant plus de dix ans, après que les commissaires nommés par l'ex-Faculté de médecine pour lui en rendre compte, l'avaient muni de leur approbation, est entièrement consacré aux élèves. Il est partagé en quatre parties, savoir : la Physiologie, l'Hygiène, la Pathologie et la Thérapeutique. Toutes les notions que l'auteur donne sur chacune d'elles, sont basées sur les connaissances et les faits les plus récents ; enfin, disent les commissaires, en terminant leur rapport : « il est écrit avec beaucoup d'ordre, de clarté et de méthode ; il est le fruit d'une longue méditation et d'un travail continu. Il offre le complément de tout ce que doit savoir l'étudiant avant de passer à la lecture des livres de pratique, qui seront toujours obscurs quand on voudra les étudier sans être muni des connaissances préliminaires que peuvent seuls donner les ouvrages élémentaires, ni trop concis ni trop étendus. »

Chez GABON et compagnie, près les Ecoles de médecine.

Institutions de médecine, etc.

Conseils aux femmes de 45 *à* 50 *ans*, ou *conduite à tenir lors de la cessation des règles, traduit de l'anglais, du docteur Fothergill, et augmenté de notes par le traducteur.* In-8°. Prix 75 centimes.

Le traducteur dit, dans sa préface, que compulsant les *Medical Inquiries and Observations* pour y prendre diverses notes, il trouva cette dissertation d'un des plus fameux praticiens de Londres, si concordante avec la vérité, qu'il se détermina à la traduire pour être utile aux femmes qui pourraient se rencontrer dans quelques unes des circonstances dont il est fait mention dans cet opuscule. La connaissance des faits et observations, tant du texte que des notes ne peuvent qu'intéresser les femmes qui, en pareil cas, sont souvent victimes de leur sécurité.

Chez DIDOT, le jeune, quai des Augustins.

De amoribus Pancharitis et Zoroæ; Poema erotico-didacticon seu *umbratica lucubratio de cultu Veneris Mileto olim peracto, ut*

Amathunteo sacello mysta subduxit et variis de generatione cum vegetantium tum animantium exemplis auctum vulgavit Athenis. Secunda editio plane reformata et tabulis æneis illustrata, cui accedit vita auctoris. 6 francs broché.

Il en reste encore quelques exemplaires papier vélin.

Luxe de typographie, de gravures, recherche dans la prose, bonne versification, une très-grande variété dans les tableaux, et couleurs propres à fixer l'attention chez les amateurs des muses latines, s'il en reste encore ; telle est la manière dont s'explique le rédacteur du Journal des débats, du 7 frimaire an 10.

Chez LEVRAULT, quai Malaquais, FUCHS, rue des Mathurins, et DESENNE, au Palais du Tribunat.

Institutions de médecine, etc.

De amoribus Pancharitis, etc.

Visite à la prison de Philadelphie, ou *Énoncé exact de la sage administration qui a lieu dans les divers départements de cette maison ; ouvrage où l'on trouve l'histoire successive de la réformation des lois pénales de la Pensylvanie, avec des observations sur l'impolitique et l'injustice des peines ca-*

pitales, en forme de lettre à un ami. Par Robert Turnbull, traduit de l'anglais. Prix 1 franc.

Le traducteur a enrichi cet ouvrage d'une préface pleine de vues philantropiques, de quelques notes, et d'un plan qu'il a pris sur les lieux.

FIN.

www.ingramcontent.com/pod-product-compliance
Lightning Source LLC
LaVergne TN
LVHW010533100826
845148LV00001B/177

* 9 7 8 2 0 1 2 1 7 2 9 2 0 *